Collection
PROFIL LITTÉRATURE
dirigée par Georges Décote

Série
10 TEXTES EXPLIQUÉS

L'Éducation sentimentale (1869)

FLAUBERT

PAR BÉNÉDICTE BOUDOU
agrégée des lettres
docteur ès lettres

HATIER

SOMMAIRE

1. et plan pour un commentaire composé.

© HATIER PARIS FÉVRIER 1992   ISSN 0750-2516   ISBN 2-218-04328-9

Le départ du bateau[1]

Le 15 septembre 1840, vers six heures du matin, *la Ville-de-Montereau*, près de partir, fumait à gros tourbillons devant le quai Saint-Bernard.

Des gens arrivaient hors d'haleine ; des barriques,
5 des câbles, des corbeilles de linge gênaient la circulation ; les matelots ne répondaient à personne ; on se heurtait ; les colis montaient entre les deux tambours[2], et le tapage s'absorbait dans le bruissement de la vapeur, qui, s'échappant par des plaques de tôle,
10 enveloppait tout d'une nuée blanchâtre, tandis que la cloche, à l'avant, tintait sans discontinuer.

Enfin le navire partit ; et les deux berges, peuplées de magasins, de chantiers et d'usines, filèrent comme deux larges rubans que l'on déroule.
15 Un jeune homme de dix-huit ans, à longs cheveux et qui tenait un album sous son bras, restait auprès du gouvernail, immobile. A travers le brouillard, il contemplait des clochers, des édifices dont il ne savait pas les noms ; puis il embrassa, dans un dernier coup
20 d'œil, l'île Saint-Louis, la Cité, Notre-Dame ; et bientôt, Paris disparaissant, il poussa un grand soupir.

M. Frédéric Moreau, nouvellement reçu bachelier, s'en retournait à Nogent-sur-Seine, où il devait languir pendant deux mois, avant d'aller *faire son droit*.

---

1. Ces titres ne figurent pas chez Flaubert, pas plus que les intertitres présents dans les études de textes. Ils donnent l'idée de l'ensemble du texte. Toutes les références de pages se rapportent à l'édition Gallimard (1990), coll. « Folio » ; ici pp. 19-20.
2. Cylindres de treuil, entre lesquels on fait avancer les paquets sur le bateau.

25 Sa mère, avec la somme indispensable, l'avait envoyé
au Havre voir un oncle, dont elle espérait, pour lui,
l'héritage ; il en était revenu la veille seulement ; et
il se dédommageait de ne pouvoir séjourner dans la
capitale, en regagnant sa province par la route la plus
30 longue.

EXPLICATION DE TEXTE

SITUATION ET COMPOSITION

Publiée en 1869[1], *L'Éducation sentimentale* se déroule
essentiellement à Paris entre 1840 et 1869, et Frédéric
Moreau en est le héros[2]. Cette première page du roman présente l'image romantique d'un bateau en partance. Mais le
voyage n'est ici que le retour de Frédéric dans sa ville natale,
Nogent-sur-Seine. Portrait d'un jeune homme romantique,
cette page est aussi teintée par l'ironie du narrateur. Après
avoir montré l'effervescence du départ (l. 1 à 11), le romancier décrit son héros, un jeune homme immobile dont il nous
apprend brièvement le passé.

ÉTUDE SUIVIE

L'effervescence du départ (l. 1 à 11)

Le texte commence comme un roman de Balzac. Le point
de vue adopté est celui d'un narrateur extérieur à l'action[3],
qui fournit des indications précises de date et de lieu : « Le

1. Flaubert avait écrit une première version de *L'Éducation sentimentale* en 1845.
2. Il fournit d'ailleurs au roman son sous-titre « Histoire d'un jeune
homme ».
3. Dans un texte à la troisième personne, deux points de vue peuvent être adoptés : celui d'un narrateur extérieur (focalisation externe),
ou celui du personnage (focalisation interne). Si le narrateur est extérieur et qu'il sait tout de ses personnages, il est dit « omniscient »,
sinon, il est réaliste. C'est le cas ici.

15 septembre 1840, vers six heures du matin, *la Ville-de-Montereau*, près de partir, fumait à gros tourbillons devant le quai Saint-Bernard. » Le temps est doublement précisé : le jour et l'heure. Pour le lecteur des années 1869, l'histoire que rapporte le roman est récente, ce qui correspond aux normes du réalisme. Quant au lieu, Paris, il est évoqué de façon métonymique[1] par le quai Saint-Bernard. Le cadre spatio-temporel est ainsi fermement posé. Symboliquement, « septembre » annonce le déclin de l'été. Mais l'heure matinale, comme plus tard la jeunesse du héros (« dix-huit ans ») suggèrent l'éveil à la vie et annonce un roman d'apprentissage. La fumée que crache le bateau ancre encore le récit dans le monde moderne des bateaux à vapeur. Elle crée en même temps un premier brouillage de la vision. Cette phrase[2] initiale, qui constitue à elle seule tout un paragraphe, plante donc le décor du livre, l'élan vers un ailleurs.

Dans le deuxième paragraphe, le point de vue change. C'est maintenant par le regard des voyageurs[3] que Flaubert décrit l'effervescence sur le quai : « Des gens arrivaient hors d'haleine ; des barriques, des câbles, des corbeilles de linge gênaient la circulation ; les matelots ne répondaient à personne ; on se heurtait ; les colis montaient entre les deux tambours » (l. 4 à 8). Le narrateur peint l'animation et le désordre du départ par une juxtaposition de propositions, qui met sur le même plan les gens, anonymes, les matelots et les objets. Le rythme, donné par la ponctuation nombreuse, fait alterner les groupes syllabiques longs et brefs : « des gens arrivaient hors d'haleine » (8 syllabes), « des barriques » (3), « des câbles » (3), « des corbeilles de linge gênaient la circula-

---

1. La métonymie est une figure de rhétorique qui consiste à évoquer le tout par la partie, ou inversement : ici, un lieu parisien évoque la capitale.
2. Partant du principe que « Le point indique la fin d'une phrase » (M. Grévisse, *Le Bon usage*, § 2757), on appellera « phrase » tout groupe syntaxique situé entre deux points.
3. Quand le point de vue adopté est celui du personnage (*cf.* note 3, p. 4), on distingue le « réalisme subjectif » et le « réalisme objectif ». On parle de « réalisme subjectif » quand le romancier rapporte ce qu'aurait pu voir un personnage-témoin tout en cherchant à nous transmettre les impressions et émotions de ce personnage. On parle de « réalisme objectif » quand la réalité présentée l'est à travers le personnage-témoin dont on suit les gestes ou les regards (ici, ceux des voyageurs) mais dont la personnalité ne nous est pas révélée.

tion » (14). Tous les verbes employés ici (« arrivaient », « montaient ») créent un dynamisme, que renforce l'expression « hors d'haleine ». De plus, ces mouvements apparaissent divers et contradictoires : « on se heurtait », « gênaient ». Précédés tantôt d'un déterminant indéfini (« des gens », « des barriques »), tantôt d'un défini (« les matelots », « les colis »), individus et objets sont traités de la même façon. L'anonymat marqué par les pronoms indéfinis (« on », « personne ») et l'absence de communication (« les matelots ne répondaient à personne ») amplifient encore l'animation régnante.

Aux impressions visuelles viennent s'ajouter des notations auditives : « et le tapage s'absorbait dans le bruissement de la vapeur, qui, s'échappant par des plaques de tôle, enveloppait tout d'une nuée blanchâtre, tandis que la cloche, à l'avant, tintait sans discontinuer » (l. 8 à 11). Dans la phrase précédente, on ne rendait pas compte de bruits. Ici, les mots « tapage » et « bruissement » désignent des bruits confus et désordonnés, bien que d'intensité différente, qui contribuent à l'effervescence. Quant au tintement de la cloche, il signifie l'imminence du départ. Une série de brouillages est donc créée dans ce tableau par la superposition des sons, mais aussi par la « nuée blanchâtre » de la vapeur, qui rappelle les tableaux impressionnistes[1]. Ces brouillages constituent autant d'écrans entre le spectateur et la réalité.

La description de Frédéric (l. 12 à 21)

Le troisième paragraphe amorce un second mouvement, avec le départ du bateau. Le passé simple « partit » et l'adverbe temporel à valeur conclusive « enfin » contribuent à l'effet de rupture. La description est maintenant faite à partir du bateau, comme en témoigne la comparaison des berges avec « deux larges rubans que l'on déroule » (l. 14). Cette comparaison, qui assimile symboliquement le cours du fleuve au cours de la vie, constitue un exemple de réalisme subjectif[2]. Et les passagers confèrent une poésie à leur voyage, en qualifiant la navette fluviale de « navire ».

Le récit se focalise à présent sur un personnage particulier : « Un jeune homme de dix-huit ans [...] immobile » (l. 15

---

1. La gare Saint Lazare peinte par Monet par exemple.
2. *Cf.* note 3, p. 5.

à 17). L'indéfini « un » introduit progressivement la présentation du personnage. Le point de vue ici est encore différent. Frédéric est perçu par le regard extérieur d'un narrateur omniscient, qui décèle son âge et s'attache à son allure générale. Sa coiffure et son « album » dessinent l'image d'un personnage romantique. A l'arrière du bateau, « près du gouvernail », Frédéric est tourné vers ce qui lui échappe, au lieu de regarder vers l'avant, l'avenir. Mis en valeur par sa place en fin de phrase, l'adjectif « immobile » contraste avec les mouvements repérés au moment du départ. Dès maintenant, le personnage est présenté comme un rêveur. Symboliquement, toute son histoire est en germe ici, dans cette volonté d'agir qui n'aboutit pas[1].

La description de son attitude confirme le romantisme du personnage, en même temps que sa passivité : « A travers le brouillard, il contemplait des clochers, des édifices dont il ne savait pas les noms » (l. 17 à 19). Le verbe « contemplait » annonce une tendance de Frédéric à être spectateur et non acteur. Il admire la ville qu'il ne connaît guère, comme l'indiquent les indéfinis « des clochers, des édifices », et la relative « dont il ne savait pas les noms ». Indirectement, le lecteur apprend ainsi que le personnage n'est pas parisien. On retrouve la tonalité admirative dans le verbe « embrassa » (l. 19). Le narrateur était extérieur ; il s'est rapproché de son personnage et nous livre sa vision des choses, en particulier sa tentative pour s'approprier la ville qu'il quitte : « puis il embrassa, dans un dernier coup d'œil, l'île Saint-Louis, la Cité, Notre-Dame ; et bientôt, Paris disparaissant, il poussa un grand soupir. » La vision ultime que Frédéric retire de Paris s'attache à des monuments à la fois chargés d'histoire et d'esthétique. La participiale « Paris disparaissant » explique le « grand soupir » un peu enfantin du personnage.

Le passé du personnage (l. 22 à 30)

Dans ce nouveau mouvement du texte, le point de vue change encore. Le narrateur redevient omniscient et prend plus de recul par rapport à son personnage. Il lui donne un

---

1. Flaubert énonçait ainsi son projet d'écriture : « Je veux faire l'histoire morale des hommes de ma génération, de la passion, telle qu'elle peut exister à présent, c'est-à-dire inactive » (*Correspondance*, août 1864).

état-civil et une situation sociale qui n'ont rien que de banal, comme dans les récits réalistes : « Frédéric Moreau, nouvellement reçu bachelier, s'en retournait à Nogent-sur-Seine, où il devait languir pendant deux mois, avant d'aller *faire son droit* » (l. 22 à 24). Le verbe « languir » indique la passivité du personnage, et révèle son mouvement d'humeur vers Nogent, qui apparaît médiocre comparé à Paris. L'expression *« faire son droit »* confirme l'appartenance du héros à la bourgeoisie. L'ironie du romancier se note dans l'emploi de l'italique qui marque une distanciation. Flaubert suggère ainsi que Frédéric est impatient de commencer ses études, puisqu'il s'approprie déjà, par le possessif *« son »*, une discipline qui lui est inconnue. Le verbe « s'en retournait » explique enfin la raison pour laquelle le personnage se trouve sur ce bateau, et nous ramène à l'action romanesque.

La phrase suivante nous fait pénétrer davantage dans la vie privée du personnage : « Sa mère, avec la somme indispensable, l'avait envoyé au Havre voir un oncle dont elle espérait, pour lui, l'héritage » (l. 25 à 27). Comme c'est sa mère qui se charge de penser à son avenir financier, on suppose Frédéric orphelin de père. Sa situation matérielle ne semble pas très aisée : sa mère ne lui a donné que « la somme indispensable ». L'espoir d'héritage est bien rendu par le retardement du mot fatidique. Cet espoir est propre à la mère, à laquelle Frédéric se contente d'obéir.

Lui se désintéresse de sa situation matérielle (le résultat de son entrevue avec l'oncle n'est pas donné), et seul Paris lui importe : « il en était revenu la veille seulement ; et il se dédommageait de ne pouvoir séjourner dans la capitale, en regagnant sa province par la route la plus longue » (l. 27 à 30). Le verbe « se dédommageait » suggère que Frédéric éprouve une frustration de ne pas vivre à Paris, désigné ici par une périphrase banale mais valorisante « la capitale ». En cela, le héros rappelle les personnages romantiques (Rastignac dans *Le Père Goriot*, Rubempré dans *Illusions perdues*, Julien Sorel dans *Le Rouge et le Noir*), rêvant de quitter leur province pour Paris. Enfin, l'expression « la route la plus longue » achève de peindre Frédéric comme un spectateur[1].

---

1. Quand il fera le bilan de sa vie avec Deslauriers, son ami d'enfance, il constatera que ses projets ont tous échoué par « défaut de ligne droite » : ce défaut est déjà présent ici.

▰▰▰▰ CONCLUSION

Cet « incipit » (on appelle « incipit », *il commence* en latin, le premier vers d'un poème sans titre, ou, par extension, les premières pages d'un livre) est une scène d'exposition qui présente le personnage principal du roman, situe le cadre spatio-temporel, et annonce l'intrigue. Mais derrière une façade balzacienne, le réalisme est quelque peu nuancé. D'abord, parce que cette description présente une vision brouillée qui rappelle les tableaux impressionnistes. Ensuite, parce que Flaubert joue sur les points de vue, tantôt adoptant le regard de son héros, tantôt s'en éloignant pour le juger. Enfin, le réalisme est ici dérision du romantisme, dont bien des éléments (le départ, la passivité admirative du personnage) sont présentés avec une certaine ironie.

▰ Plan pour un commentaire composé

1. UNE PAGE D'EXPOSITION

— Un départ symbolique d'un départ dans la vie (pp. 5 et 7)
— Des indications sur l'action (p. 4)
— Un portrait du personnage principal (pp. 6-7)

2. UN DÉBUT RÉALISTE

— La représentation du monde moderne (pp. 4-5)
— La précision et le réalisme des notations (pp. 4 et 7)
— L'opposition entre Paris et la province (p. 8)

3. UNE NOUVELLE PERSPECTIVE ESTHÉTIQUE

— Le brouillage de la scène du départ (pp. 5-6)
— La variation des points de vue du romancier par rapport à son personnage (*cf.* les débuts de chaque paragraphe)

Extrait
de la première
partie, chapitre 1

L'apparition[1]

Ce fut comme une apparition :

Elle était assise, au milieu du banc, toute seule ; ou du moins il ne distingua personne, dans l'éblouissement que lui envoyèrent ses yeux. En même temps
5 qu'il passait, elle leva la tête ; il fléchit involontairement les épaules ; et, quand il se fut mis plus loin, du même côté, il la regarda.

Elle avait un large chapeau de paille, avec des rubans roses qui palpitaient au vent derrière elle. Ses
10 bandeaux noirs, contournant la pointe de ses grands sourcils, descendaient très bas et semblaient presser amoureusement l'ovale de sa figure. Sa robe de mousseline claire, tachetée de petits pois, se répandait à plis nombreux. Elle était en train de broder quelque
15 chose ; et son nez droit, son menton, toute sa personne se découpait sur le fond de l'air bleu.

Comme elle gardait la même attitude, il fit plusieurs tours de droite et de gauche pour dissimuler sa manœuvre ; puis il se planta tout près de son ombrelle,
20 posée contre le banc, et il affectait d'observer une chaloupe sur la rivière.

Jamais il n'avait vu cette splendeur de sa peau brune, la séduction de sa taille, ni cette finesse des doigts que la lumière traversait. Il considérait son
25 panier à ouvrage avec ébahissement, comme une chose extraordinaire. Quels étaient son nom, sa demeure, sa vie, son passé ? Il souhaitait connaître les meubles de sa chambre, toutes les robes qu'elle avait portées,

---

1. Folio, pp. 22-23.

les gens qu'elle fréquentait ; et le désir de la posses-
30 sion physique même disparaissait sous une envie plus
profonde, dans une curiosité douloureuse qui n'avait
pas de limites.

EXPLICATION DE TEXTE

■■■■ SITUATION ET COMPOSITION

L'Éducation sentimentale est l'histoire morale d'une génération, qui va des années 1840 à 1869. Mais le roman est
d'abord l'histoire d'un amour, celui de Frédéric Moreau pour
Marie Arnoux. Contrairement à Balzac, Flaubert fait commencer rapidement l'action romanesque, en situant la rencontre
amoureuse dès la troisième page du livre. Sur le bateau qui
le ramène à Nogent, Frédéric Moreau a déjà fait la connaissance de Jacques Arnoux. Marie Arnoux lui apparaît ici. Cette
scène est capitale, puisque tout l'avenir du livre en dépend.
Elle se compose de trois mouvements : l'apparition proprement dite (jusqu'à « regarda », l. 7), puis le portrait de
Mme Arnoux (depuis « Elle avait un large chapeau de paille »,
l. 8 jusqu'à « l'air bleu », l. 16) et le mouvement d'approche
de Frédéric (de « Comme elle gardait la même attitude », l. 17,
jusqu'à « qui n'avait pas de limites », l. 32).

■■■■ ÉTUDE SUIVIE

L'apparition (l. 1 à 7)

La force de cette rencontre est d'emblée marquée par plusieurs changements : changement d'alinéa, de rythme, et de
temps. Typographiquement, Flaubert retranscrit le caractère
inattendu de cette « apparition », en isolant la phrase qui la
mentionne : « Ce fut comme une apparition. » Ce bref octosyl-
labe non scandé produit, de plus, un effet de rupture avec
les longues phrases précédentes, et indique un moment

d'intense émotion. Enfin, le passé simple traduit bien le caractère imprévu, bouleversant, d'une vision. Mis en valeur par sa longueur qui contraste avec les monosyllabes précédents (« Ce fut comme »), le mot « apparition » a une connotation religieuse[1]. L'outil de comparaison « comme » cherche à faire ressentir au lecteur le choc que reçoit Frédéric et accentue le caractère presque surnaturel de cette rencontre.

Dans chaque paragraphe de ce passage, une nouvelle esquisse nous sera donnée de Marie Arnoux. Le premier moment de surprise passé, la description se précise. Le rythme régulier de la phrase : « Elle était assise [5 syllabes], au milieu du banc [5], toute seule [3] » suggère la sérénité de Marie. Sa situation dans l'espace (« toute seule ») lui confère un caractère exceptionnel. La scène est décrite du point de vue de Frédéric qui ignore tout encore de Mme Arnoux.

Mais la suite de la phrase, amorcée par une restriction, fait intervenir le regard du romancier : « ou du moins, il ne distingua personne, dans l'éblouissement que lui envoyèrent ses yeux » (l. 2 à 4). Par cette précision, Flaubert cherche à prendre du recul par rapport à Frédéric, dont il se sent proche. Lui-même rencontra le grand amour de sa vie, Elisa Schlésinger, alors qu'il avait quinze ans, et le personnage de Marie doit beaucoup aux traits de cette femme. Le verbe « distingua » appartient au champ lexical de la vue, qui domine cet extrait. Il s'agit de relater un coup de foudre, c'est-à-dire un amour né au premier regard. Le mot « éblouissement » (« dans l'éblouissement que lui envoyèrent ses yeux ») insiste lui aussi sur l'idée de lumière, qu'annonçait déjà « apparition ». Une ambiguïté est créée par l'adjectif possessif « ses » : il pourrait s'agir des yeux de Mme Arnoux. Mais elle n'esquisse un mouvement que dans la phrase suivante. Flaubert semble donc signifier que Frédéric subit la vision que lui transmettent ses propres yeux.

La phrase suivante lie pour la première fois les pronoms « il » et « elle » : « En même temps qu'il passait, elle leva la tête » (l. 4-5). Le comportement de Mme Arnoux va désormais gouverner les attitudes de Frédéric, comme l'indique la juxtaposition de la proposition suivante (asyndète) : « elle leva la tête ;

---

1. Ce mot figure souvent dans les journaux depuis 1859, date de la première apparition de la Vierge à Lourdes.

il fléchit involontairement les épaules » (l. 5-6). Ce mouvement réflexe suggère le respect immédiat qu'inspire Marie à Frédéric, et qui incite le jeune homme à s'éloigner afin de contempler Mme Arnoux sans l'indisposer par ses regards : « et, quand il se fut mis plus loin, du même côté, il la regarda » (l. 6-7). Le rythme, que les virgules rendent un peu haletant, traduit l'émotion de Frédéric. Là où Balzac interrompt le fil de son récit pour brosser le portrait de tel ou tel de ses personnages, Flaubert préfère, dans une plus grande recherche de naturel, faire ce portrait en action.

Le portrait de Mme Arnoux (l. 8 à 16)

Jusqu'à présent, rien n'était vu de Marie qu'une attitude et l'éblouissement qu'elle provoquait. A présent, un portrait de la jeune femme nous est présenté : « Elle avait un large chapeau de paille. » C'est d'abord au visage de la jeune femme que s'attachent les regards de Frédéric. Le « large chapeau de paille » a quelque chose d'aérien : il entoure le visage comme un halo, et renvoie à l'image sous-jacente de la Madone. Les « rubans roses qui palpitaient au vent derrière elle » (l. 9) évoquent les femmes peintes par les impressionnistes. Enfin, le verbe « palpitaient » anime les rubans : peut-être Frédéric leur prête-t-il le mouvement de son cœur.

Le visage de Mme Arnoux ressemble fort à celui d'Elisa Schlésinger[1], très brune et coiffée à la manière romantique : « Ses bandeaux noirs, contournant la pointe de ses grands sourcils, descendaient très bas et semblaient presser amoureusement l'ovale de sa figure » (l. 9 à 12). Son visage n'a rien d'ordinaire, comme le signifient les adjectifs « grands », et « très bas », qui le situent implicitement par rapport à une norme. Ce visage est modelé à partir de courbes : les bandeaux, les sourcils, l'ovale plus tard. Le rythme très lent paraît suivre le mouvement des cheveux. La tournure « semblaient presser amoureusement » retranscrit une impression de Frédéric, qui transfère son sentiment amoureux à tout ce qui approche Marie Arnoux. Le point de vue est celui du réalisme subjectif : on ne voit jamais la jeune femme que dans le frémissement d'adoration de Frédéric.

---

1. Voir plus haut p. 12.

Du visage, Frédéric pose son regard sur le corps de Mme Arnoux : « Sa robe de mousseline claire, tachetée de petits pois, se répandait à plis nombreux » (l. 12 à 14). La légèreté du tissu et sa couleur en accord avec la lumière font de nouveau penser à un tableau impressionniste. L'impression de vision au ralenti donnée par l'imparfait (qui domine cette scène) est encore accentuée par la locution « en train de » : « Elle était en train de broder quelque chose » (l. 14). Son activité rattache Mme Arnoux à la bourgeoisie du XIXe siècle, et le lecteur la verra souvent dans cette attitude tout au long du livre. L'indéfini « quelque chose » montre que Flaubert retranscrit la vision du personnage, trop loin de Mme Arnoux pour voir ce qu'elle brode.

Ensuite, Frédéric lève à nouveau les yeux sur le visage de Mme Arnoux, mais il ne la voit que de profil : « et son nez droit, son menton, toute sa personne se découpait sur le fond de l'air bleu » (l. 15-16). A l'énumération, Flaubert ajoute un effet d'amplification grâce à l'adjectif indéfini « toute ». Le verbe au singulier « se découpait » s'accorde avec le dernier terme d'une série considérée comme cohérente (accord par syllepse grammaticale), et se réfère au vocabulaire pictural, ce qui fait apparaître Marie comme dans un tableau. En parlant d' « air bleu » plutôt que de « ciel bleu », Flaubert insiste sur l'atmosphère aérienne du cadre.

Le mouvement d'approche de Frédéric (l. 17 à 32)

• La manœuvre : lignes 17 à 19

Le paragraphe suivant nous ramène à Frédéric : « Comme elle gardait la même attitude, il fit plusieurs tours de droite et de gauche pour dissimuler sa manœuvre. » Le romancier prend du recul par rapport à son « héros », dont il était très proche jusqu'à présent ; c'est pourquoi un troisième mouvement s'amorce ici. Une nouvelle fois, le comportement de Frédéric lui est dicté par celui de Mme Arnoux. La conjonction « comme » le signale en instaurant un rapport de dépendance entre les deux propositions : « Comme elle gardait […] il fit […] puis il se planta. » La phrase se fait lourde pour exprimer la gaucherie de Frédéric, et le mot « manœuvre » suggère à la fois un effort et un calcul pour se rapprocher de Mme Arnoux. Flaubert regarde agir son héros et se moque de lui.

• **L'observation :** lignes 19 à 26

Avec l'adverbe de temps « puis » s'achève le mouvement de Frédéric : « puis il se planta tout près de son ombrelle, posée contre le banc, et il affectait d'observer une chaloupe sur la rivière » (l. 19 à 21). L'ironie du romancier par rapport à son personnage est perceptible dans le verbe « se planta ». Elle perce encore dans la connotation scientifique du verbe « observer », inadapté à son complément d'objet : « une chaloupe ». Frédéric est en réalité fasciné par la beauté de la jeune femme, dont l'ombrelle signale l'élégance, en même temps que la beauté de la journée. Le changement de position du héros permet de revenir à Mme Arnoux, cette fois pour un gros plan : « Jamais il n'avait vu cette splendeur de sa peau brune, la séduction de sa taille, ni cette finesse des doigts que la lumière traversait » (l. 22 à 24). Accentuée par l'adverbe « jamais » en tête de phrase, l'admiration de Frédéric est traduite encore par le rythme ternaire de la phrase. Ce rythme s'amplifie sur le dernier terme, prolongé par une relative : « cette finesse des doigts que la lumière traversait. »

Quand Frédéric cherche à préciser la beauté de Marie Arnoux, il choisit des mots abstraits, qui dégagent la quintessence de cette beauté. Les adjectifs démonstratifs (« *cette* splendeur », « *cette* finesse ») suggèrent l'éblouissement du héros, tandis que les possessifs (« *sa* peau », « *sa* taille ») désignent amoureusement — bien que par touches discrètes — le corps de la femme aimée. Les notations de lumière (« splendeur », « que la lumière traversait ») rappellent toujours le caractère un peu surnaturel de Mme Arnoux, et apparentent cette description à l'impressionnisme. Chaque objet de Mme Arnoux bénéficie de la même puissance séductrice : « Il considérait son panier à ouvrage avec ébahissement, comme une chose extraordinaire » (l. 24 à 26). Flaubert abandonne de nouveau ici la focalisation interne[1] et prend du recul par rapport à Frédéric. Il encadre ainsi un objet banal, le « panier à ouvrage », de deux termes qui ne lui conviennent pas : « considérait » et « ébahissement ». De même, la comparaison « comme une chose extraordinaire » est ironique, le mot « chose » ramenant le « panier » à ses justes proportions.

---

1. Voir note 3, p. 4.

• La curiosité de Frédéric : lignes 26 à 32

Tout naturellement, la vue de Mme Arnoux engendre en Frédéric le désir de tout saisir d'elle : « Quels étaient son nom, sa demeure, sa vie, son passé ? » (l. 26-27). Ce mouvement est rendu par le discours indirect libre[1], qui fait apparaître les questions comme plus vivantes. Le nom et la demeure, bien qu'extérieurs, sont révélateurs des préoccupations du romancier lui-même, qui attache beaucoup d'importance aux objets et à la façon dont ses personnages meublent leur espace. La « vie » et le « passé » supposent une connaissance beaucoup plus profonde, une remontée dans le temps. La phrase suivante reprend de façon concrète ces questions abstraites : « Il souhaitait connaître les meubles de sa chambre, toutes les robes qu'elle avait portées, les gens qu'elle fréquentait » (l. 27 à 29). Les meubles représentent « sa demeure », le plus-que-parfait dans l'expression « les robes qu'elle avait portées » évoque le passé, et la vie qu'elle mène est illustrée par la question plus précise des « gens qu'elle fréquentait ». Persuadé qu'un être se trouve aussi constitué de tout ce qui l'entoure (environnement matériel mais aussi relations amicales), Flaubert reprend à son compte les questions de Frédéric.

La dernière phrase, qui commente la phrase précédente, est très rythmée : « et le désir de la possession physique même disparaissait sous une envie plus profonde, dans une curiosité douloureuse qui n'avait pas de limites » (l. 29 à 32). Le désir de Frédéric est à la fois présent et rejeté, remplacé par les mots « envie » et « curiosité », plus abstraits. La « curiosité » garde ici une part de son sens étymologique de « souci », comme le confirme l'adjectif « douloureuse ». Paradoxalement, la rencontre amoureuse engendre moins une joie qu'une douleur, et pourtant Frédéric ignore encore que Mme Arnoux, étant mariée, ne voudra pas l'aimer. L'expression « sans limites » confère enfin à la phrase un caractère inachevé, qui traduit la rêverie de Frédéric devant la femme qu'il aime déjà.

---

1. Le discours direct reproduit exactement les paroles dites : « Quel est son nom ? » Le discours indirect rattache les paroles prononcées au verbe introducteur : « Il se demandait quel était son nom. » Le discours indirect libre a les formes du discours indirect, sans le verbe introducteur.

◼◼◼◼ CONCLUSION

Plusieurs fois retracée (dans *Novembre*, dans *Mémoires d'un fou*, et dans la première version de *L'Éducation sentimentale*, 1845), cette scène de rencontre, qui a des racines très profondes dans la vie de Flaubert, présente une grande intensité dramatique. Par son immobilité et sa luminosité, elle rappelle un tableau impressionniste. Mme Arnoux est ici plusieurs fois dessinée par un peintre dont elle ne semble pas percevoir les regards. Dès maintenant, elle inspire un sentiment exceptionnel à Frédéric qui l'idéalise plus qu'il ne la désire.

◼ Plan pour un commentaire composé

1. UN PORTRAIT

— Une description réaliste (pp. 13-14)
— Un portrait impressionniste (p. 15)
— Une vision subjective (p. 15)

2. UN COUP DE FOUDRE

— D'un éblouissement passif à une contemplation active (pp. 12-13)
— De la contemplation à l'imagination (p. 16)

3. LE DOUBLE POINT DE VUE, OU UNE VISION COMMENTÉE

— Le regard de Frédéric (réalisme subjectif[1]) (p. 13)
— L'ironie de Flaubert et sa signification (p. 14)

---

1. Voir note 3, p. 5.

Rêves ambitieux[1]

Dès le lendemain, il se mit à travailler de toutes ses forces.

Il se voyait dans une cour d'assises, par un soir d'hiver, à la fin des plaidoiries, quand les jurés sont
5 pâles et que la foule haletante fait craquer les cloisons du prétoire, parlant depuis quatre heures déjà, résumant toutes ses preuves, en découvrant de nouvelles, et sentant à chaque phrase, à chaque mot, à chaque geste, le couperet de la guillotine, suspendu
10 derrière lui, se relever ; puis, à la tribune de la Chambre, orateur qui porte sur ses lèvres le salut de tout un peuple, noyant ses adversaires sous ses prosopopées, les écrasant d'une riposte, avec des foudres et des intonations musicales dans la voix, ironique,
15 pathétique, emporté, sublime. Elle serait là, quelque part, au milieu des autres, cachant sous son voile ses pleurs d'enthousiasme ; ils se retrouveraient ensuite ; — et les découragements, les calomnies et les injures ne l'atteindraient pas, si elle disait : « Ah ! cela est
20 beau ! » en lui passant sur le front ses mains légères.

Ces images fulguraient, comme des phares, à l'horizon de sa vie. Son esprit, excité, devint plus leste et plus fort. Jusqu'au mois d'août, il s'enferma, et fut reçu à son dernier examen.

---

1. Folio, p. 106-107.

■■■■■ INTRODUCTION

La scène se situe à Paris, où Frédéric est resté pendant les vacances d'été, afin de préparer des examens de droit. Invité pour la fête de Marie Arnoux, il a, pour la première fois, pu lui parler seul à seule. Elle lui a notamment dit préférer les orateurs aux écrivains : on doit « sentir [...] une plus forte jouissance à remuer les foules directement, soi-même, à voir que l'on fait passer dans leur âme tous les sentiments de la sienne » (p. 103). A la suite de cet entretien, Frédéric, de retour chez lui, s'attelle à la préparation de ses examens, porté par les rêves ambitieux que lui a communiqués Mme Arnoux.

On étudiera d'abord la structure du texte, parce qu'elle éclaire le sens de cette rêverie. On s'intéressera ensuite au caractère dramatique de cette page, pour examiner enfin les relations du rêve et de la réalité dans l'esprit de Frédéric.

■■■■■ 1. STRUCTURE DE LA PAGE

Le texte se compose de trois mouvements : Frédéric se voit en orateur (l. 3 à 15), puis il imagine la présence de sa Muse (l. 15 à 20), et enfin s'effectue le retour au réel (l. 21 à 24). Ces trois mouvements se décomposent encore. En effet, les rêves de Frédéric constituent un long paragraphe, encadré par deux paragraphes très brefs. Dans le premier, le narrateur présente la situation par une brève phrase de récit objectif : « Dès le lendemain, il se mit à travailler de toutes ses forces » (l. 1-2). En conclusion, Flaubert revient à ce point de vue extérieur pour évoquer le retentissement des rêves de Frédéric sur la réalité : « Son esprit, excité, devint plus leste et plus fort. Jusqu'au mois d'août, il s'enferma et fut reçu à son dernier examen » (l. 22 à 24).

Le paragraphe central marque donc une rupture par rapport au récit objectif. Le romancier présente le point de vue du personnage (focalisation interne[1]) : « Il se voyait » (l. 3). Marie Arnoux est tellement présente dans l'esprit de Frédéric, qu'elle est seulement désignée par le pronom « elle ». Et

---

1. Voir note 3, p. 4.

les rêves de Frédéric sont énoncés en une seule longue phrase construite selon le principe de la gradation : « Il se voyait [...] ses mains légères » (l. 3 à 20). Dans cette longue phrase, on distingue encore deux moments : le rêve ambitieux, et le rêve amoureux, à partir de la proposition « Elle serait là » (l. 15). Non seulement le rêve ambitieux est plus longuement développé (douze lignes et demie) que le rêve amoureux (cinq lignes et demie), mais sa structure grammaticale est différente. Le premier moment est ainsi dominé par une accumulation de verbes d'action (« noyant », « écrasant », l. 12 et 13), et un champ lexical de la fièvre (« pâles », « haletante », « avec des foudres », « emporté », l. 5, 13 et 15). Il n'est question que de la parole de Frédéric, mais le narrateur ne nous la fait pas entendre au discours direct.

Quand, au contraire, Frédéric évoque Marie Arnoux (l. 15 à 20), le texte se présente comme une pause grâce aux verbes d'état : « Elle serait », « ils se retrouveraient ». C'est Mme Arnoux qui parle, au discours direct : « — Ah ! cela est beau ! », et l'atmosphère est apaisée. Le geste caressant de Marie (« en lui passant sur le front ses mains légères ») en témoigne.

Bien que différents par leur structure, ces deux moments sont pourtant reliés par deux points explicatifs, comme un effet à une cause : Frédéric agit pour plaire à Marie.

■■■■ 2. UNE PAGE DRAMATIQUE

Une mise en scène

Plusieurs éléments contribuent au caractère dramatique de ce texte. Certains termes insistent tout d'abord sur le caractère spectaculaire du rêve de Frédéric : « Il se voyait » (au début du second paragraphe) ; l'appréciation de Mme Arnoux : « Ah ! cela est beau ! » (l. 19-20) ; et l'expression finale « Ces images » (l. 21). Bien délimitée entre les deux alinéas qui la séparent du premier et du troisième paragraphes, la scène apparaît encore comme une représentation. L'idée de théâtre est suggérée par le lieu clos : la « cour d'assises » (l. 3), plus tard « la Chambre » (l. 10-11), mais surtout « les cloisons du prétoire » (l. 5-6). A cela s'ajoute la présence d'un public : « la foule haletante » (l. 5), dont Mme Arnoux fait

partie : « Elle serait là, quelque part, au milieu des autres »
(l. 15-16).

En face de ce public, Frédéric est l'unique protagoniste, soit
qu'il retienne « le couperet de la guillotine » (l. 9), soit qu'il
« porte sur ses lèvres le salut de tout un peuple » (l. 11-12).
Afin de convaincre son auditoire, Frédéric doit chercher à le
frapper, à le toucher. D'une éloquence infatigable (« parlant
depuis quatre heures déjà », l. 6), il s'avère capable d'impro-
visation et découvre « de nouvelles [preuves] » (l. 7-8) tout
en parlant. Les adjectifs indéfinis témoignent encore de son
exaltation : « *toutes* ses preuves » (l. 7), « *tout* un peuple »
(l. 11-12), « *chaque* phrase, [...] *chaque* mot, [...] *chaque*
geste » (l. 8-9). La répétition de l'adjectif indéfini « chaque »
y ajoute un effet d'amplification rythmique[1], qui montre que
le moindre effet compte pour emporter la conviction. L'énumération et l'éloignement entre le sujet (« le couperet de la
guillotine », l. 9) et son verbe à l'infinitif (« se relever », l. 10)
traduisent l'effort du discours pour éviter au condamné la peine
capitale. Toujours afin de persuader le public auquel il
s'adresse, Frédéric change de ton : « avec des foudres et des
intonations musicales dans la voix, ironique, pathétique,
emporté, sublime » (l. 13 à 15). L'effet que ses paroles pro-
duisent sur les spectateurs est souligné : la foule est « haletante », et Marie « cach[e] sous son voile ses pleurs d'enthousiasme » (l. 16-17).

Les procédés oratoires

Une différence de rythme oppose, de plus, l'acteur aux
spectateurs. Dans le mouvement décrivant Frédéric orateur,
le rythme est haletant, emporté, et progresse, grâce à des
constructions participiales juxtaposées, par groupes de sept
ou huit syllabes : « parlant depuis quatre heures déjà [8], résumant toutes ses preuves [7], en découvrant de nouvelles [7] »
(l. 6 à 8). Au contraire, quand Marie Arnoux, spectatrice pri-
vilégiée, apparaît dans le texte, le rythme s'apaise. Les propositions sont plus longues (l. 16 à 19) : « cachant sous son
voile ses pleurs d'enthousiasme » (11 syllabes), « et les découragements, les calomnies et les injures ne l'atteindraient

---

1. L'amplification consiste à créer une progression au sein d'une
énumération.

pas » (20). De plus, les points virgules ménagent ici des pauses plus longues, tandis que le mouvement précédent était accéléré par une série de virgules, sans autre arrêt. Le rythme fait ainsi sentir l'apaisement qu'apporte à Frédéric la présence de Mme Arnoux.

De plus, le paragraphe est nourri par un champ lexical de l'éloquence, repérable dans les verbes : « parlant », « résumant » (l. 6 et 7), mais surtout dans les noms de « plaidoiries », « preuves », « prosopopées[1] » et « riposte » (l. 4, 7, 12 et 13). Frédéric s'imagine en avocat de la défense, puisque son intervention se situe « à la fin des plaidoiries ». Mais l'avocat cherche surtout à agir. Les images du combat en témoignent : « écrasant d'une riposte », « noyant ses adversaires sous ses prosopopées. » Sa parole suffit ainsi à « retenir le couperet de la guillotine », c'est-à-dire à dissuader le juge et les jurés de se prononcer pour la peine capitale. Car, comme Cicéron[2], Frédéric donne à son combat un sens moral : il s'agit de sauver un homme de la mort, ou de défendre « tout un peuple ».

Son imagination renouvelle d'ailleurs une métaphore classique, qui représente le dieu de l'éloquence[3] avec des chaînes sortant de sa bouche pour retenir les gens captifs par les oreilles. Chez Frédéric, l' « orateur qui porte sur ses lèvres le salut de tout un peuple » n'emprisonne pas, il prend en charge ceux qui ne savent ou ne peuvent s'exprimer.

■■■■■ 3. RÊVE ET RÉALITÉ

Facilité de la réussite rêvée

Dans l'imagination de Frédéric, tout semble se dérouler aisément. Le style oratoire permet d'accréditer le rêve du jeune homme, soudain promu orateur. Il triomphe de ses adversaires sans difficulté apparente, comme l'indique la force des verbes « noyant », « écrasant ». S'il imagine des attaques contre lui (l. 18-19), elles apparaissent d'emblée comme des « calomnies », c'est-à-dire des imputations mensongères, et

---

1. La prosopopée consiste à mettre en scène les absents, ou les êtres inanimés, et à les faire agir, parler, répondre.
2. Célèbre avocat de la Rome antique.
3. On appelait ce dieu de l'éloquence « Hercule gaulois ».

des « injures ». De plus, elles « ne l'atteindraient pas ». Quant aux « découragements » que Frédéric pourrait éprouver, ils ne mettent pas en cause sa compétence.

Le texte tient encore du rêve par l'aisance avec laquelle Frédéric brûle les étapes : celles-ci s'enchaînent et se franchissent sans difficulté. Certes, les mêmes hommes représentaient au XIXe siècle l'éloquence judiciaire (que déploie Frédéric à la cour d'assises), et l'éloquence parlementaire (celle dont font montre les députés). La progression de Frédéric se produit cependant par la grâce d'un simple adverbe temporel : « puis, à la tribune de la Chambre, orateur qui porte sur ses lèvres le salut de tout un peuple » (l. 10 à 12).

Le pouvoir du héros est encore marqué par la séduction qu'il exerce sur Marie, « cachant sous son voile ses pleurs d'enthousiasme » (l. 16-17). Ici se situe d'ailleurs le point de départ du rêve : Marie vantait, deux pages plus haut, le pouvoir des orateurs[1] devant un Frédéric qui leur préférait les écrivains. Le rêve a renversé les rôles : celle qui incitait à l'action regarde ici agir le rêveur. Le narrateur considère donc avec une certaine ironie le rêve de Frédéric : les choses y paraissent si simples qu'elles pourraient être illusoires. En mentionnant ainsi le « dernier examen » de son héros, Flaubert crée une chute, qui rompt avec l'exaltation du rêve. La rêverie de Frédéric brûlait les étapes auxquelles ramène le retour au réel. De même, l'expression finale : « Ces images fulguraient [...] à l'horizon de sa vie » (l. 21-22) rappelle la distance qui sépare Frédéric de ce qu'il croit son avenir proche.

Les effets de réel[2]

Cependant, cette rêverie est soutenue par des effets de réel qui permettent de la rendre crédible. Étudiant en droit, Frédéric emploie ici un vocabulaire judiciaire, qu'illustrent les termes de « prétoire » (salle d'audience du tribunal), de « jurés »[3], de « plaidoiries » (Frédéric sait dans quel ordre les

---

1. Voir l'introduction p. 19.
2. On appelle ainsi toutes les notations (menus gestes, paroles redondantes, objets insignifiants) qui font apparaître la réalité représentée comme vraisemblable.
3. Depuis la Révolution française, le jury de la cour d'assises est composé à la fois de magistrats et de citoyens, les jurés.

plaidoiries se succèdent) et l'image du « couperet de la guillotine ». Le cadre spatio-temporel, évoqué au début de cette page, donne aussi au rêve un appui précis : « Il se voyait dans une cour d'assises, par un soir d'hiver, à la fin des plaidoiries, quand les jurés sont pâles et que la foule haletante... » (l. 3 à 5). Peut-être la chambre où travaille Frédéric l'incline-t-elle à se figurer la « Chambre » des députés par simple association verbale. De plus, le moment choisi est réaliste, puisque la fin des plaidoiries se situe en général « le soir ». Quant à la pâleur des jurés, elle s'explique par l'importance de la décision qu'ils vont devoir prendre, et par la fatigue due à une attention soutenue.

Le comportement même de Mme Arnoux est conforme à ce que le lecteur connaît d'elle. Elle apparaît « sous son voile » et sa relation à Frédéric est, comme ailleurs dans le livre, plus spirituelle que sensuelle : elle lui passe « sur le front ses mains légères » (l. 20). Siège de l'intellect, le front indique l'influence surtout morale qu'a Mme Arnoux sur Frédéric.

L'aboutissement de cette rêverie

Cette rêverie, qui a des fondements dans la réalité, va de plus transformer l'état d'esprit de Frédéric : il « devint plus leste et plus fort », et il « fut reçu à son dernier examen » (l. 22 à 24). Le rêve a donc donné une direction à l'ardeur de Frédéric et une conduite à son intelligence.

■■■■■ CONCLUSION

Ce texte, qui décrit les rêves ambitieux de Frédéric, trouve bien sa place dans L'Éducation sentimentale, roman de la vie rêvée plus que roman d'action. Mais l'action est ici la sœur du rêve, puisque celui-ci insuffle à Frédéric la force de travailler. Devant son personnage, l'attitude du narrateur apparaît double. Flaubert regarde avec une certaine tendresse un Frédéric qui, par amour, souhaite se dévouer à de grandes causes. Il n'en rappelle pas moins, par quelques traits ironiques, la distance qui sépare encore l'étudiant de l'orateur.

Plan pour un commentaire composé

1. UNE MISE EN SCÈNE

— Les éléments théâtraux (p. 20)
— Une éloquence agissante (p. 21)

2. LE RÊVE D'UN ROMANTIQUE

— La réussite intellectuelle (pp. 21-22)
— La réussite sentimentale (p. 23)

3. RÊVE ET RÉALITÉ

— Le caractère onirique du texte (p. 22)
— L'ancrage dans le réel (pp. 23-24)
— Le point de vue de Flaubert (pp. 23 et 24)

4 Extrait de la seconde partie, chapitre 1

Le bal chez Rosanette[1]

Frédéric, s'étant rangé contre le mur, regarda le quadrille devant lui.

Un vieux beau[2], vêtu, comme un doge[3] vénitien, d'une longue simarre[4] de soie pourpre, dansait avec
5 Mme Rosanette, qui portait un habit vert, une culotte de tricot et des bottes molles à éperons d'or. Le couple en face se composait d'un Arnaute[5] chargé de yatagans[6] et d'une Suissesse aux yeux bleus, blanche comme du lait, potelée comme une caille, en manches
10 de chemise et corset rouge. Pour faire valoir sa chevelure qui lui descendait jusqu'aux jarrets, une grande blonde, marcheuse[7] à l'Opéra, s'était mise en femme sauvage ; et, par-dessus son maillot de couleur brune, n'avait qu'un pagne de cuir, des bracelets de verrote-
15 rie, et un diadème de clinquant, d'où s'élevait une haute gerbe en plumes de paon. Devant elle, un Pritchard[8], affublé d'un habit noir grotesquement large, battait la mesure avec son coude sur sa tabatière. Un petit berger Watteau[9], azur et argent comme un clair

---

1. Folio, pp. 136-137.
2. Un vieil homme qui cherche encore à plaire.
3. Chef électif de l'ancienne république de Venise (le mot vient de « duc »).
4. Longue robe que portaient certains magistrats.
5. Un Albanais (c'est ainsi que les appelaient les Turcs).
6. Sabres arabes courbes.
7. Figurante qui ne chante ni ne danse dans les ballets.
8. Missionnaire britannique et gouverneur de Tahiti en 1840. Guizot lui avait consenti des indemnités quand il avait abandonné le gouvernement de l'île à la France, mais cela avait déchaîné la colère du peuple.
9. Peintre du XVIIIe siècle, Watteau a représenté beaucoup de scènes champêtres et galantes.

20 de lune, choquait sa houlette contre le thyrse[1] d'une
Bacchante[2], couronnée de raisins, une peau de léopard sur le flanc gauche et des cothurnes[3] à rubans
d'or. De l'autre côté une Polonaise, en spencer[4] de
velours nacarat[5], balançait son jupon de gaze sur ses
25 bas de soie gris perle, pris dans des bottines roses cerclées de fourrure blanche. Elle souriait à un quadragénaire ventru, déguisé en enfant de chœur, et qui
gambadait très haut, levant d'une main son surplis
et retenant de l'autre sa calotte rouge. Mais la reine,
30 l'étoile, c'était Melle Loulou, célèbre danseuse des
bals publics. Comme elle se trouvait riche maintenant,
elle portait une large collerette de dentelle sur sa veste
de velours noir uni ; et son large pantalon de soie ponceau[6], collant sur la croupe et serré à la taille par une
35 écharpe de cachemire, avait, tout le long de la cou-
ture, des petits camélias blancs naturels. Sa mine pâle,
un peu bouffie et à nez retroussé, semblait plus inso-
lente encore par l'ébouriffure de sa perruque où tenait
un chapeau d'homme, en feutre gris, plié d'un coup
40 de poing sur l'oreille droite ; et, dans les bonds qu'elle
faisait, ses escarpins à boucles de diamants attei-
gnaient presque au nez de son voisin, un grand Baron
moyen âge tout empêtré dans une armure de fer.

---

1. Bâton entouré de feuilles de vigne et surmonté d'une pomme de
pin.
2. Prêtresse de Bacchus qui célébrait des fêtes avec danses, jeux et
mystères d'initiés. Par extension, la bacchanale est une danse lascive.
3. Chaussures montantes à semelle très épaisse que portaient les
acteurs de tragédie en Grèce, afin de conférer raideur et dignité à
leur démarche.
4. Veste courte.
5. Rouge clair, qui a les reflets de la nacre.
6. Rouge vif foncé.

▬▬▬▬ (INTRODUCTION[1])

Nous sommes au début de la seconde partie de *L'Éduca-tion sentimentale*. Frédéric vient d'hériter de son oncle et, de retour à Paris, il retrouve le ménage Arnoux. Jacques Arnoux l'entraîne à un bal costumé chez sa maîtresse, Rosanette Bron. Chez elle, Frédéric découvre brutalement le spectacle mi-burlesque mi-tragique d'une fête parisienne dégénérée. Dans un premier mouvement, le texte présente quelques couples qui dansent un quadrille (jusqu'à « calotte rouge », l. 29). Puis, le regard de Frédéric, spectateur de la scène, s'arrête sur « Mᵉˡˡᵉ Loulou ». On étudiera ici le spectacle de mauvais goût, avant d'y lire la dénonciation d'une classe sociale, rendue pos-sible par le point de vue à partir duquel la scène est décrite.

▬▬▬▬ (UN SPECTACLE DE MAUVAIS GOÛT)

Le regard de Frédéric détaille ici les mouvements tour-noyants des personnages, qui dansent un quadrille. Chaque phrase du texte présente un personnage différent, si bien qu'au lieu de former un ensemble, les danseurs sont juxta-posés dans le plus grand disparate : « Un vieux beau [...] Le couple en face [...] Devant elle, un Pritchard [...] De l'autre côté une Polonaise... » (l. 3, 6-7, 16-17 et 23). Cette impres-sion de juxtaposition est encore renforcée par le fait que les couples apparaissent mal assortis. Dans la phrase « Le cou-ple en face se composait d'un Arnaute [...] et d'une Suis-sesse » (l. 6 à 8), le verbe « se composait de » accentue la disparité existant entre les deux partenaires. De même, rien n'apparente le « petit berger Watteau » avec la lascive Bac-chante en peau de léopard, ou « la femme sauvage » avec Pritchard, à moins que le costume féminin n'évoque par

---

1. Pour faciliter la compréhension immédiate de notre commentaire, nous avons indiqué, chaque fois, entre parenthèses, l'idée centrale de chaque partie. Bien évidemment, cette indication ne doit jamais figurer dans une copie.

métonymie[1] l'île de Tahiti, dont Pritchard avait été gouverneur. Le caractère hétérogène de cette compagnie se manifeste également par les différentes nationalités présentes : une Suissesse, une Polonaise. Le mélange des époques augmente d'ailleurs cette diversité, puisque le déguisement de dragon (soldat de cavalerie) du XVIIIᵉ siècle que porte Rosanette côtoie à la fois le « doge vénitien » et un « Louis XIV ».

Une telle juxtaposition ne crée pas une impression d'harmonie. La musique est d'ailleurs tout à fait absente du texte, et l'on assiste moins à une danse qu'à des mouvements heurtés. De plus, ces mouvements paraissent inadaptés à ceux qui les font. Le « petit berger » se fait remarquer par la violence de ses gestes : il « choquait sa houlette contre le thyrse d'une Bacchante » (l. 20-21), « un quadragénaire ventru [...] gambadait très haut » (l. 26 à 28). Quant à Mᵉˡˡᵉ Loulou, elle fait de tels « bonds » que « ses escarpins à boucles de diamants atteign[en]t presque au nez de son voisin » (l. 41-42), « un grand Baron » dont l'armure accentue l'immobilité. Le spectacle offert à Frédéric est donc surtout un grotesque déploiement du corps.

Si ce bal costumé manque de grâce, c'est aussi que les costumes pèchent souvent par un excès que rend la longueur des phrases : « Un vieux beau, vêtu, comme un doge vénitien, d'une longue simarre de soie pourpre, dansait avec Mme Rosanette, qui portait un habit vert, une culotte de tricot et des bottes molles à éperons d'or. » La troisième phrase[2] du texte (l. 6 à 10) est elle aussi embarrassée, comme pour montrer la lourdeur du déguisement : le participe passé « chargé » accentue ainsi le poids et l'orientalisme des yatagans de l'Arnaute. Surchargées d'accessoires, les personnes déguisées sont gênées dans leurs déplacements. Le baron féodal a poussé la bêtise jusqu'à s'empêtrer d'une armure de fer qui l'empêche de danser. De même, la Bacchante est chaussée de cothurnes qui sont inadaptés à la danse tumultueuse et lascive qui devrait être la sienne. Quant à la « femme sauvage », elle ajoute le mauvais goût à l'incohérence : en quoi

---

1. La métonymie consiste à évoquer une réalité par une autre, car elle établit avec elle un rapport de contiguïté. Ici, la femme sauvage peut évoquer l'île de Tahiti.
2. Pour la définition de la phrase, voir note 2, p. 5.

a-t-elle besoin d'accessoires clinquants alors qu'elle n'est vêtue que d'un « pagne de cuir » ? Frédéric assiste à une danse dénuée de grâce et d'harmonie, où l'abondance des accessoires remplace le bon goût.

■■■■■■ (UN CRUEL TABLEAU DE MŒURS)

La seule description des déguisements permet à Flaubert de brosser un cruel tableau de mœurs. Outre qu'ils révèlent la vulgarité des êtres, les costumes privent ceux qui les portent d'une identité, pour en faire de purs fantoches. On remarque tout d'abord qu'aucun des personnages n'a de nom, si ce n'est « Mme Rosanette » et « Melle Loulou ». Encore ne s'agit-il que de prénoms, qui les désignent comme des demi-mondaines[1]. Des indéfinis précèdent les noms : « Un vieux beau », « un Pritchard » (l. 3 et 16-17) qui privent les individus de toute singularité. Parfois une indication sur l'âge suffit à la présentation : « un quadragénaire » (l. 26-27). L'expression « Un vieux beau » dénigre ainsi le second adjectif (« beau ») grâce au premier (« vieux »). Le narrateur insiste d'ailleurs à plaisir sur la différence d'âge existant dans les couples de danseurs, comme pour suggérer que les femmes présentes sont entretenues par des hommes plus âgés : Rosanette danse avec « un vieux beau » et la Polonaise sourit « à un quadragénaire ventru ».

Tantôt Flaubert confond délibérément l'être réel avec le costume qu'il porte. Certains des danseurs sont ainsi présentés par une simple mention de nationalité, dont le narrateur ne précise pas s'il s'agit de la leur ou de celle qu'ils ont empruntée : « une Suissesse aux yeux bleus, blanche comme du lait » (l. 8-9). L'être décrit se réduit alors à une apparence. C'est le cas de la Polonaise, dont nous ne voyons que le costume : « une Polonaise, en spencer de velours nacarat, balançait son jupon de gaze sur ses bas de soie gris perle (l. 23 à 25).

Tantôt, à l'inverse, Flaubert démystifie le déguisement pour souligner le décalage entre le danseur et le costume qu'il porte : « Un vieux beau, vêtu, comme un doge vénitien, d'une

_____

1. Femmes légères aux mœurs équivoques.

longue simarre ». La virgule, qui sépare le participe passé
« vêtu » de la comparaison, souligne la distance séparant le
personnage d'un doge de Venise et la vanité de l'effort entre-
pris pour se conformer à un modèle inaccessible. Au lieu de
conférer une dignité, le vêtement révèle au contraire l'être qu'il
est censé cacher. C'est le cas pour le personnage déguisé
en enfant de chœur, « levant d'une main son surplis et retenant de l'autre sa calotte rouge » (l. 28-29).

A travers ce bal costumé et la présentation du monde un
peu marginal des acteurs et des demi-mondaines, Flaubert
réduit les êtres à des apparences, ou des fulgurances. Il
dénonce aussi la vulgarité d'une classe sociale qui cherche
son identité dans des valeurs factices (comme en témoigne
la présence des faux bijoux), et dans l'imitation maladroite
d'un modèle hors d'atteinte.

▰▰▰▰ (UNE CONTEMPLATION DISTANCIÉE)

Une telle dénonciation est possible parce que le regard de
Frédéric, qui transmet cette scène, en reste très éloigné. Il
s'est « rangé contre le mur » (l. 1) et ne participe aucunement
à la fête. Jamais le héros ne paraît ébloui par la beauté d'un
costume ou la grâce d'une personne, si bien que la description est dénuée de toute émotion. Le costume de la Polonaise
est observé avec précision, les couleurs en sont délicates et
les tissus élégants (« ses bas de soie gris perle, pris dans des
bottines roses cerclées de fourrure blanche », l. 24 à 26). Pourtant, la femme qui le porte demeure inconnue au lecteur,
comme si elle ne présentait aucun intérêt. Et sous le costume
élégant, le corps de Melle Loulou semble privé de toute force
de séduction, ainsi que l'atteste la notation : « et son large
pantalon de soie ponceau, collant sur la croupe » (l. 33-34).

Non seulement Frédéric n'est pas séduit, mais il ne se laisse
pas abuser par les apparences. Le romancier se sert de la focalisation interne[1] pour montrer ce spectacle au lecteur, c'est-
à-dire que le regard du narrateur se confond avec celui de Frédéric. Certains termes ramènent ainsi à l'animalité le portrait

---

1. Voir note 3, p. 4.

des fausses élégantes : les « jarrets » de la marcheuse (l. 11),
la « croupe » de Loulou (l. 34) et la comparaison « potelée
comme une caille » (l. 9) pour la Suissesse. La description de
Pritchard se mêle à un jugement de valeur, comme en témoignent le choix du verbe péjoratif « affublé » et de l'adverbe
« grotesquement » (l. 17).

Plus subtilement, des subordonnées finales ou causales
expliquent pourquoi tel costume a été choisi, et, ce faisant,
en détruisent la magie. Le déguisement de la femme sauvage
(l. 10 à 16) est ainsi doublement dénigré. D'abord, parce que
les raisons de son choix sont énoncées avant que le costume
ne soit montré : « Pour faire valoir sa chevelure ». Ensuite
parce que la restriction « n'avait qu'un pagne de cuir » est con-
tredite par l'énumération qui la suit : « des bracelets de ver-
roterie, et un diadème de clinquant, d'où s'élevait une haute
gerbe en plumes de paon ». Ce même regard impitoyable
réduit le costume de Melle Loulou à l'expression de l'arri-
visme, par la subordonnée explicative qui précède sa présentation : « Comme elle se trouvait riche maintenant » (l. 31).
Or, dans la mesure où la jeune femme est annoncée comme
le clou du spectacle (« Mais la reine, l'étoile, c'était Melle Loulou ») et où elle est présentée plus longuement que les autres
personnages, l'ironie dont le narrateur fait preuve à son égard
jette le discrédit sur les autres danseurs.

■■■■■ (CONCLUSION)

Cette description présente un demi-monde, appréhendé par
un regard distant et dès lors critique. Objets et accessoires
occupent le devant de la scène et soulignent la grossièreté
et la misère morale des êtres. Tandis que la « splendeur » éma-
nait de Marie Arnoux, ici l'éclat ne vient que du clinquant des
verroteries. En montrant des masques, Flaubert dénonce
l'insuffisance des êtres déguisés. Il suggère peut-être aussi
que toute vie sociale s'apparente un peu à ce bal costumé,
où l'on se révèle d'autant mieux qu'on veut se dissimuler.

5 Extrait de la seconde partie, chapitre 4

Une soirée chez les Dambreuse[1]

Frédéric s'avança dans le salon.

La lumière était faible, malgré les lampes posées dans les coins ; car les trois fenêtres, grandes ouvertes, dressaient parallèlement trois larges carrés
5 d'ombre noire. Des jardinières, sous les tableaux, occupaient jusqu'à hauteur d'homme les intervalles de la muraille ; et une théière d'argent avec un samovar se mirait au fond, dans une glace. Un murmure de voix discrètes s'élevait. On entendait des escarpins
10 craquer sur le tapis.

Il distingua des habits noirs, puis une table ronde éclairée par un grand abat-jour, sept ou huit femmes en toilettes d'été, et, un peu plus loin, Mme Dambreuse dans un fauteuil à bascule. Sa robe de taffe-
15 tas lilas avait des manches à crevés, d'où s'échappaient des bouillons de mousseline, le ton doux de l'étoffe se mariant à la nuance de ses cheveux ; et elle se tenait quelque peu renversée en arrière, avec le bout de son pied sur un coussin, — tranquille comme une œuvre
20 d'art pleine de délicatesse, une fleur de haute culture.

M. Dambreuse et un vieillard à chevelure blanche se promenaient dans toute la longueur du salon. Quelques-uns s'entretenaient au bord des petits divans, çà et là ; les autres, debout, formaient un
25 cercle au milieu.

Ils causaient de votes, d'amendements, de sous-amendements, du discours de M. Grandin, de la répli-

---

1. Folio, p. 261.

que de M. Benoist[1]. Le tiers parti décidément allait
trop loin ! Le centre gauche[2] aurait dû se souvenir
30 un peu mieux de ses origines ! Le ministère[3] avait
reçu de graves atteintes ! Ce qui devait rassurer pourtant, c'est qu'on ne lui voyait point de successeur.
Bref, la situation était complètement analogue à celle
de 1834.

COMMENTAIRE COMPOSE

(INTRODUCTION[4])

Frédéric se rend à une invitation des Dambreuse. La scène
est perçue par un héros qui garde ses distances et dont nous
suivons le regard. Une fois que ses yeux se sont habitués à
la demi-obscurité, il entrevoit quelques personnes, puis il iden-
tifie la maîtresse de maison, Mme Dambreuse, et son mari.
On étudiera ici l'évocation d'un salon plein d'élégance, pour
examiner ensuite les dissonances que Flaubert fait percevoir
par le biais de son personnage ; le romancier fait ici en effet
une satire de la haute bourgeoisie.

(UN UNIVERS PLEIN D'ÉLÉGANCE)

Le cadre dans lequel a lieu la réception, qui n'est pourtant
qu'une « soirée ordinaire », laisse partout transparaître la
richesse et le luxe dans lesquels vivent les hôtes. M. Dambreuse arpente ainsi le salon « dans toute la longueur » (l. 22),
et l'indéfini « toute » suggère une impression de grandeur.
Tout en coupant l'espace, les nombreux « coins » et les

---

1. Grandin était député de la Seine-Inférieure, et Benoist d'Azy était
un député légitimiste, c'est-à-dire partisan de la branche aînée des
Bourbons, détrônée en 1830.
2. En 1836, le parti conservateur, dirigé par Guizot et Thiers, s'était
scindé en trois partis. Guizot était resté le chef du « centre droit »,
Thiers était devenu celui du « centre gauche », et un « tiers parti »
s'était constitué.
3. Guizot, chef du centre droit, est ici allusivement désigné.
4. Voir la note 1, p. 28.

« petits divans » répartis « çà et là » (l. 3, 23-24) renforcent cette impression. Les pluriels soulignent encore l'abondance : « les lampes posées dans les coins », « les tableaux » et surtout « les trois fenêtres »[1] constituent comme le cadre raffiné de la réception.

Les objets indiquent également le luxe. « Les tableaux » (l. 5) révèlent la richesse de cette bourgeoisie aisée. Les « jardinières », et le « fauteuil à bascule » de Mme Dambreuse (l. 14), font de ce salon un lieu à la mode et « le samovar », sorte de bouilloire russe, lui apporte une touche d'exotisme. Le luxe est aussi suggéré par la richesse des métaux (la « théière d'argent », l. 7)) et des étoffes (« robe de taffetas », « bouillons de mousseline », l. 14-15, 16). Mais, plus que l'intimité des personnages, ces objets reflètent surtout l'opulence de leurs propriétaires.

Leur disposition dans l'espace donne une impression d'harmonie. les « jardinières » qui meublent « les intervalles de la muraille » se marient aux « tableaux » qui les surplombent. De même, la théière d'argent paraît avoir été ainsi placée de façon à « se mir[er] au fond, dans une glace » (l. 8). Et la tenue de l'hôtesse allie le bon goût à l'harmonie : « le ton doux de l'étoffe se mariant à la nuance de ses cheveux » (l. 16-17). La répartition même des personnes dans le salon semble répondre non au hasard, mais à de secrètes lois d'harmonie : « les autres, debout, formaient un cercle au milieu » (l. 24-25). Quant à Mme Dambreuse, elle apparaît « un peu plus loin », telle une déesse dans son temple, « tranquille comme une œuvre d'art pleine de délicatesse » (l. 19-20).

La faible intensité de la lumière et des sons contribue également à l'impression de raffinement qui se dégage de ce tableau. La lumière est tamisée (« la lumière était faible », « il distingua », l. 2, 11) et l'éclairage, toujours indirect, est tantôt donné par des « lampes posées dans les coins » (l. 2-3), tantôt « par un grand abat-jour » (l. 12). Le tapis amortit le bruit des pas si bien qu' « on entendait des escarpins craquer » (l. 9-10). De même, Frédéric ne perçoit aucune parole, mais seulement « un murmure de voix discrètes » (l. 8-9). M. Dambreuse converse pourtant avec un vieillard, et il est indiqué

---

1. Il existait à l'époque un impôt proportionnel au nombre de portes et de fenêtres d'une habitation.

que « quelques-uns s'entretenaient » (l. 23). Mais leur attitude, « au bord des petits divans », est empreinte d'une parfaite réserve. Personne, dans cette société policée, n'élève la voix, et Frédéric doit se rapprocher, comme il semble le faire dans le dernier paragraphe, pour suivre le sujet des conversations.

■■■■■■ (LES DISSONANCES)

Dans ce tableau exquis, des dissonances contredisent cependant l'harmonie recherchée. Tout au long du premier paragraphe, les choses sont traitées comme des êtres animés : « les trois fenêtres [...] dressaient parallèlement trois larges carrés d'ombre », « des jardinières [...] occupaient », « une théière [...] se mirait » (l. 3-5, 5-6, 7-8). Ce dernier exemple témoigne éloquemment de la « vie » des objets, puisqu'un verbe pronominal (qui renvoie l'action à son sujet) est appliqué à un objet. Ces objets accaparent l'attention de Frédéric au point qu'il n'a aucune vision globale des hôtes de cette réception. Le lecteur perçoit seulement ces invités par des notations isolées : leurs « voix discrètes », leurs « escarpins », ou leurs « habits noirs » (l. 9, 11), qui désignent les hommes par métonymie[1]. Les individus ne sont que des rôles dans le ballet social.

De plus, le point de vue adopté étant celui de Frédéric — et non celui d'un narrateur omniscient — personne, à part M. et Mme Dambreuse, n'est reconnu ou identifié. Les personnages sont toujours présentés par des déterminants indéfinis : « un vieillard », « quelques-uns », « d'autres ». Les femmes, elles, sont introduites par une mention de nombre, encore celui-ci est-il imprécis : « sept ou huit femmes en toilettes » (l. 12-13). Lors même que Mme Dambreuse est regardée par Frédéric, on voit surtout ses vêtements (l. 14 à 17). On ne sait rien de son visage ni même de « la nuance de ses cheveux » dont on apprend seulement qu'elle s'harmonise avec l'étoffe portée. Deux images concluent d'ailleurs son portrait et la rapprochent des objets qui meublent son salon. La comparaison « tranquille comme une œuvre d'art pleine de délicatesse » (l. 19-20) rappelle les tableaux, et la métaphore « une fleur de haute culture » évoque ironiquement les jardinières.

---

1. Voir la note 1, p. 29.

Si Mme Dambreuse peut être apparentée à des objets, c'est que les choses triomphent sur les êtres, dans cet univers de la haute bourgeoisie. Le narrateur le fait comprendre de diverses façons. Dans le premier paragraphe, Frédéric ne voit pas les personnes présentes. Ensuite, sa perception met sur le même plan les êtres et les meubles, comme en témoigne cette énumération : « Il distingua des habits noirs, puis une table ronde éclairée par un grand abat-jour, sept ou huit femmes en toilettes d'été, et un peu plus loin, Mme Dambreuse dans un fauteuil à bascule » (l. 11 à 14). Quand, un peu plus tard, Flaubert présente les conversations des hôtes, il cherche à signifier la vanité des paroles échangées. Le verbe « s'entretenaient » (l. 23), employé sans complément, suggère le vide des entretiens. De même, en énumérant les sujets de conversation au discours indirect libre[1], Flaubert insinue que ces phrases allusives ne signifient rien pour Frédéric qu'une enfilade de mots : « Ils causaient de votes, d'amendements, de sous-amendements, du discours de M. Grandin, de la réplique de M. Benoist. Le tiers parti décidément allait trop loin ! » (l. 26 à 29).

■■■■■■ (LA SATIRE D'UNE SOCIÉTÉ)

Frédéric ne se mêle pas aux groupes et ne prend aucune part aux conversations. Le fait que ce tableau à la fois luxueux et figé soit regardé de son point de vue permet au romancier de montrer les tares d'une société. La place prépondérante accordée ici aux objets suggère que, chez les classes possédantes, l'avoir prévaut sur l'être. Les conversations, dont le dernier paragraphe nous donne un aperçu, révèlent les soucis d'une bourgeoisie riche qui soutient Guizot, apôtre de l'enrichissement : « le ministère avait reçu de graves atteintes ! » (l. 30-31). Le centre gauche, de Thiers, et le tiers parti, tous deux issus du parti conservateur, se sont retournés contre le centre droit, dont le chef est Guizot. Les hôtes présents dans le salon sont probablement des partisans de Guizot, puisqu'ils considèrent que « le centre gauche aurait dû se souvenir un peu mieux de ses origines ». En effet, en avril 1834, Thiers avait sauvagement réprimé l'insurrection des Républicains qui

---

1. Voir la note 1, p. 16.

protestaient contre la rigueur des lois sur les associations. Or, le même Thiers s'est maintenant uni aux partisans d'une république et a lancé avec eux une campagne de banquets[1] pour exiger une réforme parlementaire et une réforme électorale. En juin 1847, moment où se situe notre texte, la situation de crise politique rappelle donc « celle de 1834 » (l. 33-34).

Beaucoup des conservateurs que peint ici Flaubert sont encore des privilégiés dans la mesure où ils participent aux débats parlementaires, ou s'y intéressent comme électeurs. Or, le pays ne comptait guère, à l'époque, que 250 000 électeurs (c'est pourquoi l'opposition réclamait une réforme électorale). Les mots « votes, amendements », « sous-amendements », « discours de M. Grandin » (l. 26-27) témoignent de ces préoccupations.

Plus que les opinions politiques cependant, ce qui choque dans cette société, c'est la froideur des relations humaines. Les êtres ne parlent qu'affaires, et toute communication réelle semble interdite. Les hôtes eux-mêmes, M. et Mme Dambreuse, paraissent évoluer dans deux mondes différents. Ils ne se soucient guère l'un de l'autre. Plus longuement décrite que les autres personnages, Mme Dambreuse se comporte de façon coquette : « elle se tenait quelque peu renversée en arrière, avec le bout de son pied sur un coussin. » Par contraste, son mari, accompagné d' « un vieillard à chevelure blanche », paraît d'un autre âge.

■■■■■■ (CONCLUSION)

Le point de vue distant de Frédéric, dont Flaubert adopte ici le regard, ne se contente pas de décrire le spectacle un peu glacé qui s'offre à lui. Tout en transmettant au lecteur l'atmosphère du salon à travers les objets qui le meublent, le romancier fait percevoir le matérialisme de la haute bourgeoisie de l'époque. Dans ce luxe et ces privilèges sont présentés ici les prémices et les raisons d'être d'une révolution prochaine.

---

1. Les banquets étaient des réunions politiques au cours desquelles les orateurs exigeaient des réformes, en particulier une réforme électorale réclamant l'abaissement du cens (taxe d'imposition nécessaire pour être électeur ou éligible), et une réforme parlementaire, interdisant aux fonctionnaires d'être en même temps députés.

Une idylle campagnarde[1]

Louise murmura qu'elle enviait l'existence des poissons.

— Ça doit être si doux de se rouler là-dedans, à son aise, de se sentir caressé partout.

5 Et elle frémissait, avec des mouvements d'une câlinerie sensuelle.

Mais une voix cria :

— Où es-tu ?

— Votre bonne vous appelle, dit Frédéric.

10 — Bien ! bien !

Louise ne se dérangeait pas.

— Elle va se fâcher, reprit-il.

— Cela m'est égal ! et d'ailleurs... Melle Roque faisait comprendre, par un geste, qu'elle la tenait à 15 sa discrétion.

Elle se leva pourtant, puis se plaignit de mal de tête. Et, comme ils passaient devant un vaste hangar qui contenait des bourrées[2] :

— Si nous nous mettions dessous, *à l'égaud*[3] ?

20 Il feignit de ne pas comprendre ce mot de patois, et même la taquina sur son accent. Peu à peu, les coins de sa bouche se pincèrent, elle mordait ses lèvres ; elle s'écarta pour bouder.

Frédéric la rejoignit, jura qu'il n'avait pas voulu 25 lui faire de mal et qu'il l'aimait beaucoup.

---

1. Folio, pp. 277-278.
2. Fagots de menues branches.
3. A plat ventre.

— Est-ce vrai ? s'écria-t-elle, en le regardant avec un sourire qui éclairait tout son visage, un peu semé de taches de son.

Il ne résista pas à cette bravoure de sentiment, à
30 la fraîcheur de sa jeunesse, et il reprit :

— Pourquoi te mentirais-je ?... tu en doutes... hein ? en lui passant le bras gauche autour de la taille.

EXPLICATION DE TEXTE

▰▰▰ SITUATION

Frédéric, dont les revenus ont diminué, retourne à Nogent sur le conseil de son ami Deslauriers qui l'engage à épouser Louise Roque, une jeune Nogentaise bien dotée. Depuis longtemps, Louise aime Frédéric ; dans le roman, elle est la seule femme qu'il pourrait épouser, mais il n'éprouve pas d'amour pour elle. Cette scène présente l'esquisse d'une idylle entre les deux jeunes gens, animés par des motivations différentes.

▰▰▰ ÉTUDE SUIVIE

La page se compose de trois moments. Louise laisse sa sensualité s'exprimer (l. 1 à 15), puis elle tente plus clairement de séduire Frédéric (l. 16 à 23). La fin du texte montre l'attitude ambiguë du héros devant la sensualité de la jeune fille (l. 24 à 32).

La sensualité de Louise (l. 1 à 15)

La scène se déroule par une fin d'après-midi d'été. Les deux personnages sont assis devant un cours d'eau, et Louise évoque le spectacle qu'elle a sous les yeux : « Louise murmura qu'elle enviait l'existence des poissons » (l. 1-2). Le ton qu'elle adopte (« murmura ») se trouve en accord avec la nature et avec l'écoulement de l'eau (ne parle-t-on pas aussi du « murmure » d'un ruisseau ?). De plus, en souhaitant vivre comme les poissons, Louise avoue sa nature profondément instinctive et sensuelle. Elle s'en explique au style direct et Flaubert fait entendre la sensualité de la jeune fille par un subtil jeu d'assonances en « ou », soutenues par les dentales et les sifflantes : « Ça doit être si doux de se rouler là-dedans, à son aise, de se sentir caressé partout » (l. 3-4).

Louise joint d'ailleurs le geste à la parole, comme le montre la conjonction « Et » qui relie le dialogue au récit : « Et elle frémissait, avec des mouvements d'une câlinerie sensuelle. » Ici encore, les allitérations en « s » traduisent le recueillement de la jeune fille dans la sensation. Non seulement Louise ne cherche pas à cacher son désir derrière une quelconque rhétorique, mais encore la vérité de son langage apparaît dans la façon dont ses gestes illustrent ses paroles.

Le cri de Catherine, la gouvernante de Louise, crée une rupture dans la scène. La conjonction adversative (« Mais », l. 7) le montre.

Arrachée à sa rêverie par l'interrogation (« Où es-tu ? », l. 8) qui réintroduit la réalité présente, la jeune fille entend pourtant demeurer dans la sensation pure : « Louise ne se dérangeait pas. » Au contraire, Frédéric préfère les conformismes sociaux à la voix de la nature. Au lieu de livrer à son tour ses impressions devant le spectacle des poissons, il transmet à Louise l'appel de Catherine : « Votre bonne vous appelle. » Il saisit ainsi l'opportunité de prendre du recul par rapport à la jeune fille. Évoquant les réprimandes qu'elle encourt (« Elle va se fâcher »), il la traite en enfant.

Par son impatience, et par la primauté qu'elle accorde au langage gestuel sur le langage verbal (sa phrase reste inachevée), Louise se comporte effectivement de façon quelque peu enfantine : « — Cela m'est égal ! et d'ailleurs... Melle Roque faisait comprendre, par un geste, qu'elle la tenait à sa discrétion. » Mais, en s'exprimant par le corps et le geste, Louise montre aussi son tempérament sensuel.

La tentative de séduction (l. 16 à 23)

Le mouvement de Louise fait apparaître une discontinuité dans la logique du récit, dont témoigne l'adverbe « pourtant » : « Elle se leva pourtant, puis se plaignit de mal de tête. » Comme pour mieux séduire Frédéric, qui la considère comme une enfant, la jeune fille adopte un comportement capricieux.

Son mal de tête (Louise fait parler son corps) est ici une façon de retenir l'attention du jeune homme. Tout, dans le monde qui l'entoure, semble stimuler son désir, preuve d'un accord entre elle et la nature : « Et, comme ils passaient devant un vaste hangar qui contenait des bourrées :

— Si nous nous mettions dessous, *à l'égaud* ? » (l. 17 à 19).

Dans cette nouvelle situation, c'est encore une fois Louise qui prend l'initiative. En enchaînant directement les paroles de Louise à la subordonnée temporelle (« comme ils passaient »), Flaubert montre la spontanéité de la jeune fille. Son invitation est une véritable tentative de séduction. Elle emploie le pronom de la réunion : « nous », et une expression de patois, que le narrateur signale comme telle par l'italique. Louise cherche ainsi à établir une complicité verbale avec Frédéric. Certes, la tournure hypothétique de la phrase rappelle les jeux d'enfants (« si nous nous mettions »), mais l'invitation de Louise n'en demeure pas moins ambiguë, puisqu'elle propose à Frédéric de se coucher près d'elle à plat ventre.

Or, Frédéric élude la proposition au lieu d'y répondre. Il ne s'attache qu'à la formulation : « Il feignit de ne pas comprendre ce mot de patois, et même la taquina sur son accent » (l. 20-21). Par l'emploi du verbe « feindre », le narrateur indique que Frédéric prend des distances par rapport à Louise. Gêné par la franche sensualité de la jeune fille, il rétablit entre elle et lui la distance qui sépare Nogent (« son accent », « ce mot de patois ») de Paris, et la différence d'âge : le verbe « taquina » s'adresse à une enfant.

La réaction de Louise ne se fait pas attendre. C'est son corps qui l'exprime : « Peu à peu, les coins de sa bouche se pincèrent, elle mordait ses lèvres ; elle s'écarta pour bouder » (l. 21-22). Avec une ironie mêlée de tendresse, le narrateur montre en trois propositions la mimique de Louise. Son attitude mêle la spontanéité (dans les deux premières propositions) et le calcul destiné à séduire Frédéric, puisque son geste (« elle s'écarta ») est appel au rapprochement.

Les hésitations de Frédéric (l. 24 à 32)

Une fois encore, c'est Louise qui a l'initiative de l'action : « Frédéric la rejoignit, jura qu'il n'avait pas voulu lui faire de mal et qu'il l'aimait beaucoup. » Le verbe « rejoignit » témoigne de la passivité de Frédéric qui, depuis le début de la scène, suit la jeune fille dans ses déplacements. Le discours indirect, que Flaubert n'emploie jamais pour Louise dans cette scène, suggère que le jeune homme ne dit pas la stricte vérité. En effet, le verbe introducteur « jura » est hyperbolique, c'est-à-dire que l'expression dépasse le sentiment de Frédéric. Et la double protestation : « qu'il n'avait pas voulu lui faire de mal et qu'il l'aimait beaucoup » rappelle le langage dont on se sert pour calmer les enfants.

Bien que Frédéric ait pris soin d'en atténuer la force, par l'adverbe « beaucoup », Louise semble n'entendre que le verbe « aimer ». En y enchaînant la question de Louise, Flaubert dévoile le sentiment qu'éprouve la jeune fille pour Frédéric : « Est-ce vrai ? s'écria-t-elle, en le regardant avec un sourire qui éclairait tout son visage, un peu semé de taches de son » (l. 26 à 28). Ici encore, le langage du corps prévaut sur l'expression verbale (réduite ici à trois syllabes), d'autant que le sourire de Louise rend difficile une dénégation de Frédéric. L'ingénuité de la jeune fille se mêle aussi à une ruse inconsciente, puisque le geste dont elle accompagne sa question empêche le jeune homme de lui répondre par la négative.

L'attitude de Frédéric lui est donc dictée par celle de Louise : « Il ne résista pas à cette bravoure de sentiment, à la fraîcheur de sa jeunesse, et il reprit :

— Pourquoi te mentirais-je ?… tu en doutes… hein ? en lui passant le bras gauche autour de la taille » (l. 29 à 32).

Le jeune homme est passagèrement séduit, comme l'indiquent l'aspect ponctuel du passé simple (« il ne résista pas ») et le passage au tutoiement : « Pourquoi te mentirais-je ? » (cf. l. 9). Cependant, les deux phrases de Frédéric sont suivies de points de suspension qui marquent son hésitation. A la question de Louise (« Est-ce vrai ? ») il répond d'ailleurs par deux questions qui lui évitent de s'engager. Plus que par la jeune fille, il est séduit par ce que momentanément elle incarne : « cette bravoure de sentiment, la fraîcheur de sa jeunesse. » Précédé par une phrase de récit qui le prive d'élan, son geste achève de peindre son ambiguïté. En « passant le bras gauche autour de [sa] taille », Frédéric cède peut-être au charme qu'exerce passagèrement Louise sur lui. Mais il peut aussi chercher à rassurer la jeune fille, voire à la consoler.

◼◼◼ CONCLUSION

Dans l'action romanesque, cette scène constitue un contrepoint. N'étant plus à Paris (cadre principal de l'action), Frédéric est soustrait en quelque sorte à l'attraction de celle qu'il aime, Marie Arnoux. Cette scène a ainsi une fonction psychologique. En face de la jeune fille pleine de grâce et de sensualité qu'est Louise, Frédéric se dérobe. Au mariage possible avec elle, il préfère l'amour idéal qu'il voue à Mme Arnoux.

◼ Plan pour un commentaire composé

1. LE PORTRAIT D'UNE JEUNE FILLE

— Son rôle de protagoniste (pp. 42 et 43)
— La spontanéité de Louise (p. 42)
— Femme ou enfant ? (pp. 41, 42 et 43)

2. UN NOUVEAU PORTRAIT DE FRÉDÉRIC

— Le recul par rapport à l'action et au langage (pp. 41 et 43)
— La distance de Frédéric par rapport à Louise (pp. 41-42)
— L'ambiguïté du personnage (p. 43)

3. UNE IDYLLE AVORTÉE

— L'idylle, ou la tentation du bonheur (pp. 40 à 42)
— Sens du refus de Frédéric (p. 44)

7 Extrait de la troisième partie, chapitre 1

Le sac des Tuileries[1]

Tout à coup *la Marseillaise* retentit. Hussonnet et Frédéric se penchèrent sur la rampe. C'était le peuple. Il se précipita dans l'escalier, en secouant à flots vertigineux des têtes nues, des casques, des bonnets
5 rouges, des baïonnettes et des épaules, si impétueusement que des gens disparaissaient dans cette masse grouillante qui montait toujours, comme un fleuve refoulé par une marée d'équinoxe, avec un long mugissement, sous une impulsion irrésistible. En haut,
10 elle se répandit, et le chant tomba.

On n'entendait plus que les piétinements de tous les souliers, avec le clapotement des voix. La foule inoffensive se contentait de regarder. Mais, de temps à autre, un coude trop à l'étroit enfonçait une vitre ;
15 ou bien un vase, une statuette déroulait[2] d'une console, par terre. Les boiseries pressées craquaient. Tous les visages étaient rouges, la sueur en coulait à larges gouttes ; Hussonnet fit cette remarque :

— Les héros ne sentent pas bon !
20 — Ah ! vous êtes agaçant, reprit Frédéric.

Et poussés malgré eux, ils entrèrent dans un appartement où s'étendait, au plafond, un dais de velours rouge. Sur le trône, en dessous, était assis un prolétaire à barbe noire, la chemise entr'ouverte, l'air hilare
25 et stupide comme un magot. D'autres gravissaient l'estrade pour s'asseoir à sa place.

— Quel mythe ! dit Hussonnet. Voilà le peuple souverain !

---

1. Folio, pp. 317-318.
2. Tombait en roulant.

Le fauteuil fut enlevé à bout de bras, et traversa
30 toute la salle en se balançant.

— Saprelotte[1] ! comme il chaloupe ! Le vaisseau
de l'État est ballotté sur une mer orageuse ! Cancane-
t-il[2] ! cancane-t-il !

On l'avait approché d'une fenêtre, et, au milieu des
35 sifflets, on le lança.

— Pauvre vieux ! dit Hussonnet, en le voyant tomber dans le jardin, où il fut repris vivement pour être
promené ensuite jusqu'à la Bastille, et brûlé.

Alors, une joie frénétique éclata, comme si, à la
40 place du trône, un avenir de bonheur illimité avait
paru ; et le peuple, moins par vengeance que pour
affirmer sa possession, brisa, lacéra les glaces et les
rideaux, les lustres, les flambeaux, les tables, les chaises, les tabourets, tous les meubles, jusqu'à des
45 albums de dessins, jusqu'à des corbeilles de tapisserie. Puisqu'on était victorieux, ne fallait-il pas
s'amuser !

COMMENTAIRE COMPOSE

■■■■ (INTRODUCTION[3])

Frédéric assiste aux journées révolutionnaires de février
1848, qui ont eu un caractère de fête et d'illusion, avant la
répression violente des journées de juin, évoquées à la fin du
même chapitre. Le 22 février 1848, le roi Louis-Philippe vient
de quitter sa résidence, le palais des Tuileries[4], où Frédéric

---

1. Juron qui vient de « sacré ».
2. « Cancaner » est fondé sur « cancan », du nom enfantin de
« canard ». Le verbe signifie en principe « crier comme un canard ».
Mais il est ici relié au sens de « cancan », danse excentrique et
tapageuse.
3. Voir note 1, p. 28.
4. Ce palais avait été édifié à la fin du XVIe siècle, et sera démoli en
1882, après avoir été incendié pendant la Commune de 1871.

arrive avec Hussonnet, un journaliste de ses amis. Dans ce texte qui relate le sac des Tuileries par le peuple, nous étudierons le caractère épique de la description. Nous verrons ensuite quelle image du peuple se dégage de cette page, et nous nous attacherons au regard que les deux personnages posent sur le spectacle de l'hystérie collective.

■■■■■ (LE CARACTÈRE ÉPIQUE DE LA DESCRIPTION)

Grâce au regard de Frédéric et d'Hussonnet, le lecteur suit ici les mouvements de la foule qui envahit le palais royal. Plusieurs scènes se succèdent rapidement : la montée dans l'escalier (« Il se précipita dans l'escalier »), l'arrivée dans les appartements (« En haut, elle se répandit »). Une fois dans la salle du Trône, le peuple s'y livre à des singeries (« Sur le trône, en dessous, était assis un prolétaire », l. 23-24), et les énumérations (« le peuple [...] brisa, lacéra les glaces et les rideaux, les lustres, les flambeaux, les tables, les chaises [...] », l. 41 à 44) soulignent la violence des comportements.

Outre son mouvement, cette scène a un caractère très visuel grâce au jeu des couleurs. Le rouge, couleur de la révolution, domine (les « bonnets rouges », l. 4-5 ; « tous les visages étaient rouges », l. 16-17 ; et le dais « de velours rouge » de la salle du Trône, l. 22-23). Moins présent, le noir apporte une nuance de menace : « un prolétaire à barbe noire » (l. 23-24). De plus, l'avancée de la foule est décrite par des effets de masse. Quand Frédéric et Hussonnet voient déferler le peuple dans l'escalier, leur vision ressemble à une plongée[1], qui ne leur fait apercevoir que des bustes : « des têtes nues, des casques, des bonnets rouges, des baïonnettes et des épaules » (l. 4-5). Pluriels et indéfinis désignent les envahisseurs : « des gens », « un coude »... Mais le singulier collectif contribue également à figurer l'impression de la foule qui absorbe les individualités : « Il [le peuple] se précipita » (l. 3), « cette masse grouillante » (l. 6-7), « la foule inoffensive » (l. 12-13). La description prend ainsi un caractère

---

1. Employée au cinéma, la technique de la plongée place la caméra en hauteur par rapport à l'objet filmé, ce qui a pour effet d'écraser la scène.

épique, parce que l'action semble faite non par des individus, mais par un groupe. Sensations et sentiments mêmes sont éprouvés de façon unanime : « Tous les visages étaient rouges ».

Le caractère épique se trouve encore renforcé par les images. L'image de la mer, où se combinent des sensations visuelles et des impressions auditives, domine ainsi le premier paragraphe du texte : « cette masse grouillante qui montait toujours, comme un fleuve refoulé par une marée d'équinoxe, avec un long mugissement » (l. 6 à 8). La métaphore marine est filée et le mouvement des têtes de ceux qui montent l'escalier est assimilé à des « flots vertigineux » (l. 3-4). Cette montée est accompagnée par l'hymne national (« *la Marseillaise* retentit », l. 1) jusqu'à l'apaisement, au reflux (« le chant tomba », l. 10). Et ce n'est pas un hasard si le trône malmené par la foule rejoint la métaphore marine : « Le vaisseau de l'État est ballotté sur une mer orageuse ! » (l. 31-32).

■■■ (LA REPRÉSENTATION DU PEUPLE)

Le peuple, on le voit, est l'acteur principal de cette scène qui, toute pittoresque qu'elle puisse paraître, s'est déroulée réellement. Mais la vision qui nous en est donnée ici est largement dépréciative. En effet, aucun individu ne fait jamais l'objet d'une description séparée. Dans l'indistinction de la foule, le narrateur n'isole que des membres : « des têtes nues », « des épaules », « tous les souliers » (l. 4, 5 et 11-12), sans faire jamais mention de quiconque. En les désignant par métonymie (la partie représentant le tout), Flaubert refuse de nommer les acteurs de cette scène.

Ce mépris de la foule apparaît encore dans les procédés qui l'animalisent, comme la métaphore du « long mugissement », ou la comparaison dégradante du prolétaire « hilare et stupide, comme un magot » (l. 24-25) (c'est-à-dire une figurine grotesque). La réflexion d'Hussonnet « les héros ne sentent pas bon ! » insiste enfin sur l'omniprésence du corps ici, avec la répugnance qu'il inspire. Le peuple est surtout mentionné dans son aspect physique. On ne l'entend guère parler et la place réservée au dialogue est très mince. En tout et pour tout, la page offre une phrase au discours direct : « — Saprelotte, comme il chaloupe ! », et une phrase au discours indirect libre[1] : « Puisqu'on était victorieux, ne fallait-il pas s'amuser ! ». L'absence de discours indirect suggère que le romancier veut laisser à ce langage toute sa vulgarité, que marquent le juron « Saprelotte », mais aussi le caractère très imagé du verbe « cancaner », qui signifie se balancer outrageusement. La métaphore « Le vaisseau de l'État est ballotté sur une mer orageuse » paraphrase l'aphorisme de Joseph Prudhomme[2] : « Le char de l'État navigue sur un volcan. » C'est dire que le peuple reste prisonnier d'idées reçues, celles mêmes dont Flaubert se moquera dans *Bouvard et Pécuchet*. Le discours indirect libre fait entendre, quant à lui, un raisonnement puéril (« ne fallait-il pas s'amuser »), déduit d'une affirmation péremptoire (« puisqu'on était victorieux »), et d'une série d'actes de vandalisme qu'on ne saurait qualifier d'amusement.

La puérilité de ce peuple est encore soulignée par une volonté de jouer qui est d'abord « inoffensive » : il « se content(e) de regarder » (l. 13). Les objets tombent tout seuls : « un vase, une statuette déroulait d'une console, par terre » (l. 15-16). Puis, un peu comme lors du carnaval qui voyait couronner pour un jour le plus démuni, « un prolétaire à barbe noire » prend momentanément possession du trône, abandonné par le roi. Mais ensuite, tous les objets d'ameublement vont être détruits les uns après les autres, comme l'indique la cascade d'énumérations, qui montre l'ordre dans lequel le peuple s'en empare (l. 42 à 46). Si les premiers objets (glaces, rideaux, lustres et flambeaux) sont des signes de richesse, les autres (tables, chaises, et tabourets) n'en sont pas, ce qui souligne le vandalisme d'un peuple qui détruit pour détruire. Ce vandalisme est marqué par l'indéfini « tous » devant le mot meubles. Plus encore, la répétition de la locution prépositive « jusqu'à » (« jusqu'à des albums de dessins, jusqu'à des corbeilles de tapisserie », l. 44 à 46), souligne l'acharnement de la foule qui s'en prend à des objets dénués de valeur symbolique et utilitaire. En saccageant aux Tuileries un palais raffiné, le peuple manifeste sa puérilité mais aussi la sauvagerie dont il est capable quand il a l'occasion de s'exprimer.

---

1. Voir la note 1, p. 16.
2. Créé au théâtre par Henri Monnier (1799-1877), Joseph Prudhomme incarne le bourgeois français qui reste niais bien qu'il soit persuadé de posséder des lumières en toutes choses.

Flaubert peint donc un tableau de l'hystérie populaire à travers Frédéric et Hussonnet. Ils n'agissent pas vraiment durant cette scène dont ils ne sont que les spectateurs, comme le montre bien le participe passé passif : « poussés malgré eux, ils entrèrent dans un appartement » (l. 21-22). Leurs réactions diffèrent. Hussonnet exprime en effet son dégoût du peuple en sueur. Il prend des distances à son égard, dans un oxymore (alliance de contraires) ironique : « Voilà le peuple souverain ! » (l. 27-28). Il manifeste encore sa compassion pour le trône, symbole du pouvoir : « Pauvre vieux ! » (l. 36). Beaucoup plus réservé, Frédéric se distancie du journaliste : « Ah ! vous êtes agaçant » (l. 20). Mais la contradiction qu'il apporte à Hussonnet ne se manifeste par aucun élan vers le peuple. En fait, les regards de ces deux personnages sont comme fondus dans le texte en une seule vision qui s'arrête sur des gestes significatifs, tels que la défénestration du trône ou les déprédations.

De plus, certains subordonnants indiquent le jugement que porte le narrateur sur ce que voient les deux jeunes gens. Une fois le trône disparu, se trouve ainsi soulignée, par la conjonction « comme si », l'illusion de la foule qui croit supprimer le pouvoir en faisant disparaître ce qui le symbolise : « Alors, une joie frénétique éclata, comme si, à la place du trône, un avenir de bonheur illimité avait paru » (l. 39 à 41). De même, le romancier suggère que s'approprier en détruisant relève d'un vandalisme absurde : « le peuple, moins par vengeance que pour affirmer sa possession, brisa [...] » (l. 41-42). Plus subtilement, Flaubert montre que le peuple est moins capable d'innover que de répéter l'histoire. En effet, en transportant le trône « jusqu'à la Bastille » pour l'y brûler, il se contente d'imiter la révolution de 1789.

Le peuple diffère ici des images mythiques que Hugo ou Michelet donnent de lui à la même époque. Le narrateur reprend la métaphore du peuple-océan, chère à Hugo, en avilissant le peuple : « cette masse grouillante qui montait toujours. » Et l'exclamation d'Hussonnet : « Quel mythe ! Voilà le peuple souverain ! », à la vue du trône où s'est assis « un prolétaire », signifie que la réalité vient démentir les représentations valorisantes que les romantiques ont données du peuple. C'est, en effet, de façon puérile, par jeu, que la foule prend possession du trône. Flaubert laisse entendre l'irréflexion et l'absence de projet politique du peuple. Celui-ci se conduit de façon impulsive, ce qui ruine à l'avance son insurrection (l'échec de la révolution de 1848 débouchera sur le coup d'État du 2 décembre 1851). Mais le romancier reproche surtout au peuple sa barbarie, et laisse percer ici l'exaspération d'un esthète devant le sacrifice de la beauté.

■■■■■ (CONCLUSION)

A partir d'un événement réel auquel il a assisté, Flaubert compose une scène à caractère pictural, qui, par l'emploi de la couleur, des effets de lumière et de mouvement, évoque certains tableaux de Delacroix (par exemple *La Liberté sur les barricades*, peint en 1831). Mais la narration dissimule aussi un discours sur l'Histoire. Elle démythifie une idéologie du peuple souverain. Ici, la foule confond amusement et vandalisme, et l'échec de la révolution est en germe dans cette mascarade.

8 Extrait de la troisième partie, chapitre 1

La promenade à Fontainebleau[1]

Quand la voiture s'arrêtait, il se faisait un silence universel ; seulement, on entendait le souffle du cheval dans les brancards, avec un cri d'oiseau très faible, répété.

5 La lumière, à de certaines places éclairant la lisière du bois, laissait les fonds dans l'ombre ; ou bien, atténuée sur les premiers plans par une sorte de crépuscule, elle étalait dans les lointains des vapeurs violettes, une clarté blanche. Au milieu du jour, le soleil,
10 tombant d'aplomb sur les larges verdures, les éclaboussait, suspendait des gouttes argentines à la pointe des branches, rayait le gazon de traînées d'émeraudes, jetait des taches d'or sur les couches de feuilles mortes ; en se renversant la tête, on apercevait le ciel,
15 entre les cimes des arbres. Quelques-uns, d'une altitude démesurée, avaient des airs de patriarches et d'empereurs, ou, se touchant par le bout, formaient avec leurs longs fûts comme des arcs de triomphe ; d'autres, poussés dès le bas obliquement, semblaient
20 des colonnes près de tomber.

Cette foule de grosses lignes verticales s'entr'ouvrait. Alors, d'énormes flots verts se déroulaient en bosselages inégaux jusqu'à la surface des vallées où s'avançait la croupe d'autres collines dominant des plaines
25 blondes, qui finissaient par se perdre dans une pâleur indécise.

---

1. Folio, p. 354.

Debout, l'un près de l'autre, sur quelque éminence
du terrain, ils sentaient, tout en humant le vent, leur
entrer dans l'âme comme l'orgueil d'une vie plus libre,
30 avec une surabondance de forces, une joie sans cause.

▬▬▬ INTRODUCTION

Nous sommes en juin 1848, la révolution gronde à Paris.
Frédéric, qui est depuis trois mois l'amant de Rosanette,
l'emmène à Fontainebleau pour sceller leur amour. Ce passage constitue une pause du point de vue dramatique : les
personnages contemplent la beauté de la forêt. La page se
divise en deux moments : du début jusqu'à « pâleur indécise »
(l. 25-26), la forêt est décrite de façon quasi-picturale ; puis
de « Debout » (l. 27) jusqu'à la fin du texte, est commenté
l'effet que produit le paysage sur les deux personnages. On
s'intéressera donc à la composition du tableau qu'offre la
nature, et au champ lexical de la peinture, avant d'étudier les
marques de l'émotion des personnages.

▬▬▬ 1. LA COMPOSITION
DU TABLEAU

La promenade de Frédéric et Rosanette est présentée
comme une pause : « Quand la voiture s'arrêtait [...] » (l. 1).
Le rythme lent, dont témoigne la longueur des phrases[1] (la
seconde occupe quatre lignes et demie, la troisième six), suggère la contemplation des personnages. Toujours guidé par
le souci du naturel, c'est en suivant leurs mouvements que
Flaubert décrit le paysage : « en se renversant la tête, on apercevait le ciel » (l. 14).

---

1. Voir note 2, p. 5.

Le regard des personnages

Plus qu'on ne voit les personnages se déplacer, on suit leurs regards, qui s'arrêtent alternativement sur « les lointains » (l. 8) ou « certaines places » (l. 5) baignées de lumière. C'est donc par rapport à ces regards que se situent « les fonds » (« la lumière [...] laissait les fonds dans l'ombre [...] », « elle étalait dans les lointains des vapeurs violettes ») et les « premiers plans » (« ou bien, atténuée sur les premiers plans par une sorte de crépuscule »). La forêt apparaît ainsi à la fois dans sa profondeur et son épaisseur.

Dans la troisième phrase (l. 9 *sqq.*), le point de vue adopté est plus nettement encore celui du réalisme subjectif, c'est-à-dire que non seulement le narrateur décrit ce que voient les personnages, mais il laisse encore entendre ce qu'ils ressentent. Le regard des personnages guide donc la description. En effet, il s'abaisse jusqu'au sol : « le soleil, tombant d'aplomb sur les larges verdures. » Il s'élève ensuite pour percevoir « des gouttes argentines à la pointe des branches », et redescend pour contempler « le gazon » et « les couches de feuilles mortes ». Enfin, le mouvement de la tête (« en se renversant la tête ») permet une vision de bas en haut, qui s'élève des troncs des arbres jusqu'à leurs cimes : « Quelques-uns [...] se touchant par le bout, formaient avec leurs longs fûts comme des arcs de triomphe » (l. 15 à 18).

Premiers plans et lointains

Ainsi s'explique que soient parfois perçus des détails, tels que les « gouttes argentines à la pointe des branches » (l. 11-12), tandis qu'à d'autres moments la vision est indistincte : « des vapeurs violettes » (l. 8-9). Les gros plans alternent avec les panoramas et évitent à la description la monotonie. Une fois que les personnages ont pris quelque hauteur par rapport au paysage (« sur quelque éminence du terrain », l. 27-28), leur vision s'élargit, devient panoramique et les lignes horizontales dominent : « d'énormes flots verts se déroulaient en bosselages inégaux jusqu'à la surface des vallées où s'avançait la croupe d'autres collines dominant des plaines blondes [...] » (l. 22 à 25). La longueur de cette phrase constitue d'ailleurs un effort pour traduire rythmiquement la profondeur du champ de vision. Le paysage acquiert un relief grâce à ces plans différents et à la variété des formes (« vallées », « collines », « plaines ») qui arrêtent le regard et retardent la perception de l'horizon.

En plus de ce relief, le lecteur a une impression de mouvement, grâce aux verbes pronominaux qui animent les éléments de la nature : « Quelques-uns [...] se touchant par le bout », « des plaines blondes, qui finissaient par se perdre ». Le sens même de certains verbes accentue ce dynamisme : « d'énormes flots [...] se déroulaient », « où s'avançait la croupe d'autres collines » (l. 23-24). Enfin, la préposition « près de », qui annonce une transformation : « d'autres [...] semblaient des colonnes près de tomber » (l. 19-20), renforce cette animation.

▬▬▬ 2. LE CHAMP LEXICAL DE LA PEINTURE

La lumière et les couleurs

Mais c'est surtout la lumière qui crée le mouvement du paysage. Elle joue dans cette page le rôle du peintre, comme le suggèrent les sujets de la deuxième et de la troisième phrases : « La lumière, à de certaines places [...] laissait... », et « le soleil, tombant d'aplomb sur les larges verdures, les éclaboussait [...] ». Ces sujets sont mis en valeur par la ponctuation, qui les isole dans la phrase. De façon plus précise encore, la lumière est sujet de verbes qui évoquent le travail du peintre : « éclairant », « étalait », « éclaboussait », « suspendait », « rayait », « jetait des taches ». Et ce n'est pas tant l'entrecroisement des lignes ou des formes, que la lumière qui organise la composition du tableau : « La lumière [...] laissait les fonds dans l'ombre ; ou bien, atténuée [...] par une sorte de crépuscule, elle étalait dans les lointains des vapeurs violettes » (l. 5 à 9). S'infusant dans les végétaux et transformant le paysage, cette lumière fait véritablement vibrer la nature : « le soleil [...] suspendait des gouttes argentines à la pointe des branches », ou encore « jetait des taches d'or sur les couches de feuilles mortes » (l. 11-12, 13-14).

Ce sont d'ailleurs les variations de la lumière qui intéressent le narrateur ici. En effet, ce texte condense toutes les promenades faites par Frédéric et Rosanette dans la forêt[1]. Elles étaient simplement signalées, et cette page est la seule qui les décrive tout en en présentant une synthèse, signifiée comme telle par l'imparfait d'habitude initial (« Quand la voiture s'arrêtait »). La forêt est ainsi observée à différents moments de la journée, selon la méthode des peintres impressionnistes, ce qui permet à l'artiste-écrivain de montrer les variations de la lumière. On en a un exemple dans la phrase : « *Au milieu du jour*, le soleil, tombant d'aplomb sur les larges verdures, les éclaboussait... »

L'impressionnisme de la page

L'importance ici accordée à la lumière[2] évoque l'impressionnisme, dont Jules Laforgue disait : « il voit la lumière baignant tout, non de morte blancheur, mais de mille combats vibrants, de riches décompositions prismatiques. » De même ici, les couleurs se font valoir mutuellement par leurs contrastes : contraste entre les « vapeurs violettes » et « la clarté blanche », entre les branches sombres des arbres et « les gouttes argentines » qu'y suspend le soleil, entre le sombre tapis de feuilles et les « taches d'or ».

Le romancier cherche à saisir les reflets lumineux qui modifient sans cesse les choses. Des expressions indiquent ainsi l'irrégularité de la présence de la lumière dans le paysage : « la lumière, à de certaines places », et encore « le soleil [...] rayait le gazon de traînées d'émeraude, jetait des taches d'or sur les couches de feuilles mortes ». Se trouve ainsi créé une sorte de chatoiement dont rend compte le langage métaphorique, qui associe la présence de la lumière à une sorte d'aspersion : « le soleil, tombant d'aplomb sur les larges verdures, les éclaboussait. » Mais l'effet de papillotement est encore rendu par le frémissement que produit le soleil en illuminant les branches : il y « suspendait des gouttes argentines ». Enfin, à l'arrière-plan, la diffusion de la lumière est traduite par une synesthésie, c'est-à-dire la combinaison d'une

---

1. « Le lendemain, ils allèrent voir la Gorge-au-Loup [...] ; le surlendemain, ils recommencèrent au hasard [...] », p. 352.
2. Fontainebleau fut d'ailleurs le haut-lieu de ce mouvement pictural et peu avant notre page, Flaubert écrit : « Un peintre en blouse bleue travaillait au pied d'un chêne, avec sa boîte à couleurs sur les genoux », p. 353.

sensation visuelle (la couleur violette) et d'une sensation tactile (les vapeurs) : « elle [la lumière] étalait dans les lointains des vapeurs violettes. »

Description ou vision ?

On le remarque ici : les couleurs sont comme sublimées, assimilées, par métaphore, à des pierres ou des métaux précieux. Il est ainsi question de « gouttes argentines », de « traînées d'émeraudes » et de « taches d'or ». Cette dernière expression figurait déjà dans les brouillons de Flaubert : « feuilles de chêne sèches à terre. Le soleil y fait comme des taches d'or sur un tapis brun. » Mais des brouillons au texte définitif, on est passé de la comparaison à la métaphore : « le soleil […] jetait des taches d'or. » De façon générale, le romancier interprète le paysage plus qu'il ne le décrit.

On l'a vu, un mouvement anime la nature, que l'on perçoit bien dans le groupe nominal « d'énormes flots verts ». La vision est parfois même empreinte d'un certain anthropomorphisme[1]. Tantôt parce que la description du paysage rappelle celle du corps humain : « la croupe d'autres collines dominant des plaines blondes, qui finissaient par se perdre dans une pâleur indécise » (l. 24 à 26). Tantôt, parce qu'avec des accents presque hugoliens, le romancier se sert de comparaisons saisissantes pour caractériser la robustesse des grands arbres : « Quelques-uns, d'une altitude démesurée, avaient des airs de patriarches et d'empereurs » (l. 15 à 17). Parfois encore, c'est au vocabulaire de l'architecture que Flaubert recourt pour rendre compte de la majesté des arbres, qui « se touchant par le bout, formaient avec leurs longs fûts comme des arcs de triomphe » (l. 17-18), ou pour signifier leur déclin : « d'autres […] semblaient des colonnes près de tomber » (l. 19-20). L'anthropomorphisme de cette vision n'est d'ailleurs pas sans faire penser aux événements historiques qui se déroulent à Paris (on est le 23 juin 1848, soit en pleine révolution), et les « colonnes près de tomber » représenteraient par allusion un monde qui s'écroule. Les comparaisons indiquent ainsi que l'imagination vient enrichir l'observation de la simple réalité.

---

1. Rappelons que l'anthropomorphisme est une tendance à attribuer aux êtres et aux choses des réactions humaines.

■■■■■ 3. LES MARQUES DE L'ÉMOTION

Cette scène se déroule dans le silence de la nature, comme le montre la phrase initiale du texte, qui ne mentionne que « le souffle du cheval » et « un cri d'oiseau très faible ». Et tout concourt à créer une atmosphère de recueillement et de solennité.

L'atmosphère de recueillement

Elle est donnée par le rythme des phrases et les sonorités. L'alternance des groupes syllabiques courts et longs confère une ampleur au rythme : « La lumière [3 syllabes], à de certaines places éclairant la lisière du bois [15], laissait les fonds dans l'ombre [7] » ; ou encore « Au milieu du jour [5], le soleil [3], tombant d'aplomb sur les larges verdures [10], les éclaboussait [5] ». Les syllabes muettes des mots précédant une ponctuation augmentent la pause rythmique et font entendre le silence : « La lumière », « dans l'ombre », « de crépuscule », « violettes », « clarté blanche ». Comme s'il voulait, par une sorte d'harmonie imitative, traduire la fragilité des taches de lumière, le romancier multiplie les finales muettes quand il décrit ces jeux de lumière : « suspendait des gouttes argentines à la pointe des branches. »

Par ailleurs, l' « altitude démesurée » de certains arbres, leurs formes décrivant des « arcs de triomphe » transforment cette forêt en une cathédrale de verdure, un lieu propice au recueillement. Le caractère tamisé de la lumière isole encore les amants dans un monde à part : en franchissant la « lisière du bois », qui constitue comme une démarcation entre deux mondes, ils sont passés de la réalité au rêve. Contre la révolution qui gronde à Paris, Frédéric et Rosanette ont d'abord cherché refuge dans le passé, en visitant le château de Fontainebleau. La nature, maintenant, leur offre un nouveau refuge.

L'émotion des personnages

Gagnés par l'atmosphère si particulière de la forêt, les personnages gardent le silence, ce qui suggère leur émotion : « Debout, l'un près de l'autre, sur quelque éminence du terrain, ils sentaient, tout en humant le vent, leur entrer dans l'âme comme l'orgueil d'une vie plus libre » (l. 27 à 29). Frédéric et Rosanette ont cessé de parler pour se mettre à l'écoute du monde et de leurs rêves. Curieusement, le romancier n'évoque pas leur amour, mais plutôt l'effet que produit sur eux le spectacle de la nature. Seules dominent ici les sensations que la forêt communique aux amants, comme le montre clairement le gérondif « en humant ». Le mot « âme » insiste sur la profondeur de leur communion avec la nature. L'emploi de termes abstraits (« comme l'orgueil d'une vie plus libre, avec une surabondance de forces, une joie sans cause »), ainsi que la fréquence des « e » muets prolongent chez le lecteur la rêverie des personnages. La comparaison « plus libre » laisse l'idée en suspens, puisque son deuxième terme reste implicite (une vie plus libre que celle qu'ils menaient à Paris). La nature permet ainsi aux personnages de renaître à eux-mêmes, et à la vérité de leur être.

Le romancier semble d'ailleurs inviter le lecteur à partager l'émotion des personnages. Au lieu de la troisième personne du pluriel, il utilise par deux fois le pronom indéfini « on » : « Quand la voiture s'arrêtait [...] on entendait », et « en se renversant la tête, on apercevait le ciel ». Ce pronom associe le lecteur — et peut-être le romancier — à la vision des personnages. Flaubert avouait d'ailleurs dans *Novembre* son goût pour la contemplation extatique : « J'aurais voulu m'absorber dans la lumière du soleil et me perdre dans cette immensité d'azur. »

■■■■ CONCLUSION

En face de l'histoire qui est en train de se jouer à Paris (les émeutes de juin 1848 viennent d'éclater), cette description de la forêt de Fontainebleau constitue un contrepoint. Elle nous montre une nouvelle fois combien Frédéric est déphasé par rapport aux événements. Cette interruption du dialogue et de l'action, qui suspend un moment le roman, révèle, comme l'a signalé G. Genette[1], que Flaubert préfère la contemplation à la narration documentaire.

---

1. G. Genette, *Figures I*, « Silences de Flaubert » (Éd. du Seuil, 1970).

Plan pour un commentaire composé

1. UNE PAGE DESCRIPTIVE

2. UN TABLEAU IMPRESSIONNISTE

3. SIGNIFICATION DE CETTE PAUSE DANS LE RÉCIT

9 Extrait de la troisième partie, chapitre 6

La dernière rencontre entre Frédéric et Mme Arnoux[1]

Quand ils rentrèrent, Mme Arnoux ôta son chapeau. La lampe, posée sur une console, éclaira ses cheveux blancs. Ce fut comme un heurt en pleine poitrine.

5 Pour lui cacher cette déception, il se posa par terre à ses genoux, et, prenant ses mains, se mit à lui dire des tendresses.

— Votre personne, vos moindres mouvements me semblaient avoir dans le monde une importance extra-
10 humaine. Mon cœur, comme de la poussière, se soulevait derrière vos pas. Vous me faisiez l'effet d'un clair de lune par une nuit d'été, quand tout est parfums, ombres douces, blancheurs, infini ; et les délices de la chair et de l'âme étaient contenues pour moi
15 dans votre nom que je me répétais, en tâchant de le baiser sur mes lèvres. Je n'imaginais rien au-delà. C'était Mme Arnoux telle que vous étiez, avec ses deux enfants, tendre, sérieuse, belle à éblouir, et si bonne ! Cette image-là effaçait toutes les autres. Est-
20 ce que j'y pensais, seulement ! puisque j'avais toujours au fond de moi-même la musique de votre voix et la splendeur de vos yeux !

Elle acceptait avec ravissement ces adorations pour la femme qu'elle n'était plus. Frédéric, se grisant par
25 ses paroles, arrivait à croire ce qu'il disait. Mme Arnoux, le dos tourné à la lumière, se penchait vers lui. Il sentait sur son front la caresse de son haleine, à travers ses vêtements le contact indécis de tout son corps.

---

1. Folio, pp. 453-454.

Leurs mains se serrèrent ; la pointe de sa bottine
s'avançait un peu sous sa robe, et il lui dit, presque
défaillant :

— La vue de votre pied me trouble.

Un mouvement de pudeur la fit se lever. Puis,
immobile, et avec l'intonation singulière des somnambules :

— A mon âge ! lui ! Frédéric !... Aucune n'a
jamais été aimée comme moi ! Non, non ! à quoi sert
d'être jeune ? Je m'en moque bien ! je les méprise,
toutes celles qui viennent ici !

— Oh ! il n'en vient guère ! reprit-il complaisamment.

Son visage s'épanouit, et elle voulut savoir s'il se
marierait.

Il jura que non.

— Bien sûr ? pourquoi ?

— A cause de vous, dit Frédéric en la serrant dans
ses bras.

Elle y restait, la taille en arrière, la bouche entr'ouverte, les yeux levés. Tout à coup, elle le repoussa avec
un air de désespoir ; et, comme il la suppliait de lui
répondre, elle dit en baissant la tête :

— J'aurais voulu vous rendre heureux.

■■■■■ INTRODUCTION

Avant-dernier du livre, le chapitre 6 de la troisième partie est très court, et résume d'abord quinze années de la vie de Frédéric. Après tout ce temps, le héros reçoit « un soir de mars 1867 » la visite de Marie Arnoux. Elle est venue rendre à Frédéric l'argent que lui avait emprunté Jacques Arnoux, mais surtout elle voulait le revoir. Tous deux sortent se promener dans Paris, puis reviennent chez Frédéric. C'est à ce moment que se situe notre texte. On étudiera la composition de la scène, afin de montrer comment s'y révèlent les ambiguïtés du sentiment. Ensuite, on examinera la valeur et l'emploi des temps, et enfin le point de vue du narrateur.

■■■■■ 1. LA COMPOSITION
DE LA SCÈNE

Dans son mouvement même, la scène, qui oscille entre le présent et le passé, présente les intermittences du cœur[1], c'est-à-dire la façon dont le temps atténue ou ravive les sentiments des personnages.

La déception de Frédéric

C'est seulement après leur retour de promenade que Frédéric voit réellement Marie Arnoux : « La lampe, posée sur une console, éclaira ses cheveux blancs. Ce fut comme un heurt en pleine poitrine. » Le héros se lance alors dans une tirade romantique « pour lui cacher sa déception ». Mais ce discours désincarne Mme Arnoux : Frédéric la traite moins en femme qu'en mère. Il neutralise ainsi la force de l'adjectif « belle à éblouir » en le faisant suivre d'un adjectif moral « et si bonne ! » (l. 18-19). Il recourt encore, pour l'évoquer, à

---

1. Marcel Proust emploie cette expression pour dire que nos sentiments n'existent pas en nous de façon stable dans le temps.

des noms abstraits : « la musique de votre voix et la splendeur de vos yeux » (l. 21-22), « les délices de la chair et de l'âme étaient contenues pour moi dans votre nom » (l. 13 à 15).

Les périphrases et les adjectifs possessifs « votre nom », « votre personne » (l. 8 et 15) contribuent à éloigner Mme Arnoux de Frédéric. Cette distance, la troisième personne l'établit également : « C'était *Mme Arnoux* telle que vous étiez » (l. 17). Frédéric évite d'employer le « vous » de l'interpellation directe. Soit il le module par l'intermédiaire du comparatif « telle que vous étiez ». Soit il le fait suivre d'un verbe qui en atténue l'aspect direct : « Vous me faisiez l'effet » (l. 11). Enfin, l'imparfait renvoie tout son discours dans un passé révolu.

Le malentendu

Mais l'aveu de cet amour crée un malentendu. En évoquant le passé, Frédéric l'a fait revivre pour Marie Arnoux, puisqu'il s'est agenouillé à ses pieds, si bien qu'elle « acceptait avec ravissement ces adorations pour la femme qu'elle n'était plus » (l. 23-24). Lui-même se laisse abuser : « Frédéric, se grisant par ses paroles, arrivait à croire à ce qu'il disait » (l. 24-25).

La renaissance du désir

A la faveur de ces caresses de langage, les deux personnages succombent au désir : « Mme Arnoux [...] se penchait vers lui. Il sentait sur son front la caresse de son haleine, à travers ses vêtements le contact indécis de tout son corps » (l. 25 à 28). L'adjectif indéfini « tout », et plus tard le participe « défaillant » signalent la force de ce désir.

Quant à Mme Arnoux, sa réaction est ambiguë : « Un mouvement de pudeur la fit se lever. » Elle se comporte d'abord en mère et insiste sur ce qui la sépare de Frédéric :
« — A mon âge ! lui ! Frédéric !... » (l. 36). Mais les phrases suivantes montrent qu'elle cède à son propre désir. L'affirmation : « Aucune n'a jamais été aimée comme moi ! » (l. 36-37) est catégorique (« aucune », « jamais »), et le verbe « aimer » est prononcé, même si la tournure est passive. Dans la phrase suivante, Marie Arnoux s'exprime plus directement :

« je les méprise, toutes celles qui viennent ici » (l. 38-39),
et cette manifestation de jalousie est une déclaration d'amour.

Une étreinte ambiguë

Cette réplique exclamative est suivie d'un bref dialogue entre
les deux personnages, et d'une étreinte encore ambiguë. En
effet, alors que Mme Arnoux lui pose une question concernant son avenir (« elle voulut savoir s'il se marierait »,
l. 42-43), la réponse négative de Frédéric n'envisage que le
passé. C'est « à cause d'[elle] » qu'il ne s'est pas marié. Il
ne lui dit pas « pour vous », et la locution prépositive « à cause
de » renvoie au passé, non au futur. Frédéric enlace pourtant
Mme Arnoux, nouvelle ambiguïté de son attitude qui consiste
à voir en Marie tantôt l'image du passé, tantôt la femme
présente.

La même ambiguïté est présente chez Mme Arnoux, qui
s'abandonne puis se reprend : « Elle y restait, la taille en
arrière, la bouche entr'ouverte [...]. Tout à coup, elle le repoussa » (l. 48-49). Le conditionnel passé qu'emploie Mme Arnoux
pour s'expliquer : « J'aurais voulu vous rendre heureux »
(l. 52) est lui-même très ambigu.

■■■■■ 2. EMPLOI ET VALEUR DES TEMPS VERBAUX

Dans cette scène qui se produit après une longue sépara-
tion, les divers passés ont une valeur différente selon qu'ils
sont employés dans le récit ou dans le dialogue.

Temps du récit

Le passé simple ouvre la scène : « ils rentrèrent. » Employé
en alternance avec l'imparfait, il contribue à précipiter les choses, à les escamoter aussitôt engagées : « elle le repoussa
avec un air de désespoir » (l. 49-50). Intervenant à la fin du
texte, le passé simple retranscrit avec rapidité l'échange verbal : « dit » (l. 46 et 51), « reprit » (l. 40), « voulut » (l. 42).

L'imparfait cherche, lui, à éterniser ce qui fait naître le désir : « Elle acceptait avec ravissement » (l. 23), « Mme Arnoux
[...] se penchait vers lui. Il sentait [...] » (l. 25 à 27). Notons

cependant la double valeur de l'imparfait dans la phrase : « Elle acceptait [...] ces adorations pour la femme qu'elle n'était plus ». Le premier imparfait (« elle acceptait ») se réfère à la situation présente, tandis que le second renvoie à un temps révolu : « qu'elle n'était plus. » L'usage du seul imparfait dans les deux cas signale l'ambiguïté de la situation : Marie Arnoux ne distingue pas bien en elle la femme passée et la femme actuelle.

Temps du dialogue

Le présent est assez peu utilisé (six occurrences : « La vue de votre pied me trouble », l. 32 ; « à quoi sert », l. 37 ; « je m'en moque », l. 38 ; « je les méprise », l. 38 ; « celles qui viennent », l. 39 ; « il n'en vient guère », l. 40). Dans quatre cas sur six, c'est Mme Arnoux qui emploie le présent. Cela suggère la difficulté qu'éprouve Frédéric à vivre la situation présente, et le déphasage entre les deux personnages.

L'imparfait intervient seulement dans les répliques de Frédéric. Il indique que le passé est entièrement révolu, d'autant que les verbes employés ont un aspect perfectif[1] : « vos moindres mouvements me semblaient avoir » (l. 8-9), « vous me faisiez l'effet » (l. 11), « je n'imaginais rien au-delà » (l. 16). En désignant une apparence (« semblaient », « faisiez l'effet ») à l'imparfait, ces verbes la présentent comme illusoire. Frédéric juge sa naïveté passée et relègue son amour dans le passé. Son discours, qui devait être masque pour « cacher sa déception », la révèle.

Le passé composé (« Aucune n'a jamais été aimée comme moi », l. 36-37) a une autre valeur. Il indique le prolongement dans le présent de l'action passée : « aimer. » En répondant ainsi à la déclaration de Frédéric (« La vue de votre pied me trouble »), Marie fait du désir présent de Frédéric le prolongement de sa passion ancienne. Or, ces deux sentiments sont distincts chez Frédéric.

---

1. L'aspect perfectif signale que l'action est achevée. L'expression « j'ai habité » a par exemple un aspect perfectif, elle signifie : « je n'habite plus. »

Le conditionnel passé est enfin l'expression d'une nostalgie : « J'aurais voulu vous rendre heureux » (l. 52). De plus, il crée ici une ambiguïté. En effet, le conditionnel passé indique le regret d'une action révolue (Marie regrette de ne pas s'être abandonnée à sa passion pour Frédéric). Mais il a aussi une autre valeur : il atténue l'expression d'un sentiment (Marie avoue, par ce biais, qu'elle est venue « s'offrir »[1]).

■■■■■ 3. LA PERCEPTION DU TEMPS PAR LES PERSONNAGES

Marie Arnoux

La visite de Marie à Frédéric représente un effort pour rattraper le passé, en quelque sorte. Sous le prétexte de rembourser une dette de son mari, Mme Arnoux vient avouer son amour à Frédéric. Bien que consciente d'avoir vieilli[2] (« A mon âge ! », l. 36), elle cherche à ressusciter le passé. L'expression de sa jalousie (« Je les méprise, toutes celles qui viennent ici »), puis les questions qu'elle pose à Frédéric sont autant d'efforts pour renouveler son plaisir de se savoir aimée, et donner à son amour un futur : « Elle voulut savoir s'il se marierait. »

Sa tentative pour faire coïncider le présent et le passé a quelque chose d'onirique, comme le souligne la phrase « avec l'intonation singulière des somnambules » (l. 34-35). Et c'est parce qu'elle rêve d'une telle coïncidence qu'elle s'abandonne dans les bras de Frédéric. Ensuite, son « air de désespoir » signifie qu'elle revient au réel. Tout le pathétique de la scène est dans cette lutte que Mme Arnoux mène contre le temps (« À quoi sert d'être jeune ? », l. 37-38), et qu'elle sait vaine : le temps a eu raison de l'amour de Frédéric, et du sien même.

---

1. La phrase qui suit d'ailleurs la fin de notre extrait dans le livre montre que Frédéric donne au conditionnel ce dernier sens : « Frédéric soupçonna Mme Arnoux d'être venue pour s'offrir », p. 454.
2. Frédéric, qui a dix-huit ans au début du livre (« Le 15 septembre 1840 »), en a quarante-cinq en 1867. Pour Marie, Flaubert ne dit rien de précis. On suppose qu'elle a ici dépassé la cinquantaine.

Frédéric

L'attitude de Frédéric en face du temps est double. D'une part, il se comporte comme par le passé, mais d'autre part il reste conscient que le présent ne coïncide pas avec le passé, et il n'envisage aucun avenir avec Marie.

Pour parler à Marie de son amour, Frédéric emploie les mots d'autrefois, et cette scène rappelle la première rencontre (*cf.* p. 10) grâce aux expressions « la splendeur » (l. 22), « votre nom » (l. 15), « belle à éblouir » (l. 18). Il retrouve aussi les gestes du passé (l'agenouillement), et le désir : « La vue de votre pied me trouble » (l. 32). Une nouvelle fois cependant, amour et désir sont séparés chez Frédéric : si le désir est présent, l'amour n'est mentionné qu'au passé. Frédéric ne confond pas la femme présente, et vieillissante, avec la jeune femme qu'il a aimée.

■■■■■ 4. LE POINT DE VUE DU NARRATEUR

Cette scène est tout entière observée et décrite par un romancier qui, s'il ne nous livre pas tout des personnages, nous fournit cependant à leur sujet des indications importantes. Certes, la part du dialogue est plus grande ici qu'ailleurs, mais le commentaire du narrateur accompagne les paroles des personnages et nous fait mieux comprendre leurs motivations.

La dénonciation d'un malentendu

Dès le début de cette scène, le lecteur apprend le choc que subit Frédéric en voyant les cheveux blancs de Marie (« Ce fut comme un heurt en pleine poitrine », l. 3-4). Un soupçon entache dès lors les gestes et les propos de Frédéric. Le narrateur montre qu'ils sont calculés, par une infinitive explicative : « Pour lui cacher cette déception » (l. 5), ou des verbes pronominaux « il se posa par terre » (l. 5), « se mit à lui dire des tendresses » (l. 6-7), qui trahissent une mise en scène. De même, la phrase « Frédéric, se grisant par ses paroles, arrivait à croire ce qu'il disait » (l. 24-25) dénonce son absence de sincérité et de spontanéité. Or, après s'être focalisé sur le personnage de Frédéric, Flaubert adopte le point de vue de Marie, et ce jeu de doubles regards lui permet d'entrer dans l'intimité de chacun des deux personnages. En commentant pour le lecteur l'effet que produit sur Marie la mise en scène de Frédéric : « Elle acceptait avec ravissement » (l. 23), il suggère son émotion.

Plus tard, la réponse de Frédéric concernant ses maîtresses éventuelles (« — Oh ! il n'en vient guère ! reprit-il complaisamment », l. 40-41), ne constitue pas une négation totale, mais nous fait soupçonner un mensonge (« guère »), que confirme le commentaire du narrateur (« complaisamment »). Mais, ici encore, Marie croit ce que lui dit Frédéric : « Son visage s'épanouit » (l. 42). Il existe donc toujours une sorte de malentendu entre les personnages.

La conclusion de l'intrigue sentimentale

Quel est le but de Flaubert, lorsqu'il dénonce ce malentendu entre les personnages ? Il se plaît d'abord à souligner les contradictions de ses héros. Juste avant cette scène, Mme Arnoux faisait l'apologie d'un amour non réalisé. Or, elle exprime ensuite sa nostalgie de n'avoir pas vécu son amour : « J'aurais voulu vous rendre heureux » (l. 52). Quant à Frédéric, il a tant idéalisé Marie qu'il ne peut plus réaliser son désir. Peut-être parce qu'il est impossible de concilier la passion avec le désir.

Mais peut-être aussi, un amour s'étiole-t-il à rester platonique. Cette scène, lourde de regrets, remet en cause l'effort accompli par Frédéric et Mme Arnoux pour sublimer leur passion. Flaubert montre ainsi comment se dissout le mythe romantique de la passion idéale. Frédéric et Marie ont préféré parler d'amour, se griser de discours, plutôt que de vivre pleinement leur passion. Ce faisant, ils ont négligé les effets déterminants du temps et des modifications qu'il impose aux êtres comme aux choses. Malgré son intensité, une passion ne survit que dans un contexte donné[1].

---

1. Quand, après un an d'absence, Frédéric retrouvait Marie Arnoux, le narrateur disait : « Les passions s'étiolent quand on les dépayse », p. 129.

■■■■■ CONCLUSION

Capitale par sa situation dans le roman, cette scène lui donne son sens ultime. Les héros du livre, dont l'amour constituait le fondement même de l'intrigue, sont eux aussi soumis à la lente usure du temps, si bien qu'ils échouent à vivre enfin leur passion. Certes, la réalisation est dégradation, et la satisfaction du désir engendre l'amertume. Mais l'idéalisation aboutit, elle, à atténuer les sentiments les plus forts. Ce qui reste d'une passion après une longue absence, c'est moins un sentiment qu'un souvenir. L'ambiguïté de la scène vient de ce que les deux personnages confondent parfois leurs sentiments avec leurs souvenirs.

■ Plan pour un commentaire composé

1. UNE PASSION PASSÉE OU PRÉSENTE ?

— Les aveux de Frédéric et de Mme Arnoux (pp. 63-64)
— Le jeu des temps (pp. 65-66)
— L'effort pour ressusciter le passé (p. 66)

2. UN MALENTENDU

— Les variations du désir (p. 64)
— Les ambiguïtés (pp. 64 et 66)
— La distance entre les deux personnages (pp. 65 et 67)

3. LE PREMIER VOLET D'UNE CONCLUSION

— La fin d'un amour (pp. 66 et 67)
— La dérision de la passion romantique (p. 69)
— Le pessimisme du narrateur (pp. 68-69)

Épilogue[1]

C'était pendant celles[2] de 1837 qu'ils avaient été chez la Turque.

On appelait ainsi une femme qui se nommait de son vrai nom Zoraïde Turc ; et beaucoup de personnes la
5 croyaient une musulmane, une Turque, ce qui ajoutait à la poésie de son établissement, situé au bord de l'eau, derrière le rempart ; même en plein été, il y avait de l'ombre autour de sa maison, reconnaissable à un bocal de poissons rouges près d'un pot de réséda sur
10 une fenêtre. Des demoiselles, en camisole blanche, avec du fard aux pommettes et de longues boucles d'oreilles, frappaient aux carreaux quand on passait, et, le soir, sur le pas de la porte, chantonnaient doucement d'une voix rauque.
15 Ce lieu de perdition projetait dans tout l'arrondissement un éclat fantastique. On le désignait par des périphrases : « L'endroit que vous savez, — une certaine rue, — au bas des Ponts. » Les fermières des alentours en tremblaient pour leurs maris, les bour-
20 geoises le redoutaient pour leurs bonnes, parce que la cuisinière de M. le sous-préfet y avait été surprise ; et c'était, bien entendu, l'obsession secrète de tous les adolescents.

Or, un dimanche, pendant qu'on était aux vêpres,
25 Frédéric et Deslauriers, s'étant fait préalablement friser, cueillirent des fleurs dans le jardin de Mme Moreau, puis sortirent par la porte des champs, et, après

---

1. Folio, pp. 458-459.
2. Il s'agit de vacances d'été.

un grand détour dans les vignes, revinrent par la
Pêcherie et se glissèrent chez la Turque, en tenant tou-
30 jours leurs gros bouquets.

Frédéric présenta le sien, comme un amoureux à
sa fiancée. Mais la chaleur qu'il faisait, l'appréhension de l'inconnu, une espèce de remords, et jusqu'au
plaisir de voir, d'un seul coup d'œil, tant de femmes
35 à sa disposition, l'émurent tellement, qu'il devint très
pâle et restait sans avancer, sans rien dire. Toutes
riaient, joyeuses de son embarras ; croyant qu'on s'en
moquait, il s'enfuit ; et, comme Frédéric avait
l'argent, Deslauriers fut bien obligé de le suivre.

40 On les vit sortir. Cela fit une histoire qui n'était pas
oubliée trois ans après.

Ils se la contèrent prolixement, chacun complétant
les souvenirs de l'autre ; et, quand ils eurent fini :

— C'est là ce que nous avons eu de meilleur ! dit
45 Frédéric.

— Oui, peut-être bien ? C'est là ce que nous avons
eu de meilleur ! dit Deslauriers.

INTRODUCTION

Nous sommes en novembre 1869, c'est-à-dire à une date
tout à fait contemporaine de la publication du livre, et cette
dernière page du livre conclut à la fois la troisième partie et
le roman. Dix-huit mois se sont écoulés depuis la dernière rencontre entre Frédéric et Mme Arnoux. Frédéric et Deslauriers
se retrouvent, et font le bilan de leur existence. Leur échec
les amène à se transporter dans le passé. Ils exhument ainsi
un souvenir[1] de leur jeunesse commune, qui remonte aux
vacances de 1837, c'est-à-dire à une période antérieure au

----

1. Au début du livre (I, 2), Flaubert faisait déjà allusion à ce souvenir
(p. 36, Folio).

début du livre. Après la description de la maison close, Flaubert relate l'aventure des adolescents, puis les fait brièvement entendre. On s'intéressera d'abord ici à la narration d'une aventure, avant d'examiner la distance prise par rapport au récit par un narrateur ironique.

■■■■■■ 1. LA NARRATION[1]
D'UNE AVENTURE

Le cadre spatio-temporel

L'escapade de Frédéric et Deslauriers est située dans le temps et dans l'espace avec beaucoup de précision (vacances d'été, août 1837, un dimanche), signe qu'ils s'en souviennent bien. Les vacances renvoient à l'adolescence, le choix du dimanche souligne à la fois la vie de la société provinciale qui obéit à des normes précises (les vêpres), et le caractère subversif de Frédéric et Deslauriers, qui bravent la morale publique.

Quant au lieu qui fait rêver Frédéric et Deslauriers, il apparaît mythique, parce qu'il est plusieurs fois décrit, qu'il est chargé de mystère, et engendre des rumeurs. L' « établissement » de la Turque est situé à Nogent-sur-Seine, « au bord de l'eau, derrière le rempart », et l' « ombre » l'entoure « même en plein été » (l. 7). Ces deux indications ont bien évidemment un caractère symbolique et signifient que l'établissement est comme mis au ban de la société nogentaise. De près pourtant, puisque le récit offre une réduction du champ visuel et un gros plan sur la maison, elle semble tout à fait anodine, « reconnaissable à un bocal de poissons rouges, près d'un pot de réséda » (l. 8-9).

La propriétaire de l'établissement lui confère cependant un certain mystère, par son exotisme supposé : « beaucoup de personnes la croyaient une musulmane, une Turque, ce qui ajoutait à la poésie de son établissement » (l. 4 à 6). Celui-ci est habité par des « demoiselles [...] avec du fard aux pom-

---

1. La narration se caractérise par le récit (souvent au passé simple) des événements dans lesquels sont impliqués des personnages fictifs. La description constitue une sorte d'arrière-plan (ses verbes sont à l'imparfait) sur lequel se détache le récit. Elle cherche à représenter des lieux, des objets ou des personnages.

mettes et de longues boucles d'oreilles » (l. 10 à 12). Le mot de « demoiselles » paraît emprunté à la vision que les deux adolescents ont d'elles ; leur attitude et leur chant (« chantonnaient doucement d'une voix rauque », l. 13-14) leur confèrent une certaine féérie.

L'établissement apparaît d'autant plus mythique que sa simple description est suivie de tout un paragraphe destiné à faire entendre des rumeurs : « Ce lieu de perdition projetait dans tout l'arrondissement un éclat fantastique » (l. 15-16). Flaubert nous transmet ici la vision de la société nogentaise, pour qui « l'arrondissement » implique une idée de vaste espace. A l'emphase du démonstratif « ce » s'ajoute l'emphase de l'indéfini « tout ». La périphrase pudique (« L'endroit que vous savez », l. 17) suggère la crainte mêlée de fascination que suscite unanimement (chez « les fermières », « les bourgeoises », et « tous les adolescents ») la maison de la Turque.

Le récit de l'escapade

Le deuxième mouvement du passage relate l'aventure proprement dite : « Or, un dimanche » (l. 24). En deux paragraphes d'égale longueur, le romancier montre les préparatifs des adolescents, et leur arrivée chez la Turque. Cet équilibre suggère déjà que ce qui précède l'action a autant d'importance que l'aventure elle-même.

Frédéric et Deslauriers s'apprêtent comme pour accomplir un rite. Ils ont prémédité leur escapade en choisissant le moment des vêpres, qui retient les Nogentais à l'église. D'autre part, l'itinéraire qu'ils suivent est destiné à donner le change : « puis sortirent par la porte des champs, et, après un grand détour dans les vignes, revinrent à la Pêcherie et se glissèrent chez la Turque. » Et ils se sont préparés à leur initiation amoureuse : « s'étant fait préalablement friser, ils cueillirent des fleurs » (l. 25-26).

Le reste de l'aventure déçoit l'attente créée par ces préparatifs, puisque Frédéric, paralysé par l'émotion, perd la parole, puis le désir d'agir, et « s'enfuit ». L'escapade échoue doublement, d'abord parce que l'objectif que s'étaient donné les adolescents (l'initiation amoureuse) n'est pas atteint, ensuite parce qu' « on les v[oi]t sortir », ce qui rend dérisoires toutes leurs précautions, et engendre le malentendu sur ce qui s'est réellement passé.

Ce qui rend ce récit particulièrement savoureux, c'est qu'il est orchestré par un narrateur qui témoigne de beaucoup d'ironie à la fois dans la description et dans le récit de l'événement. En même temps qu'il décrit l'escapade, le narrateur s'en amuse : en témoignent certains termes démystificateurs, et l'organisation même de son discours.

Ironie dans la description de l'établissement et de la société nogentaise

Flaubert dénonce un exotisme de pacotille en indiquant préalablement le véritable nom de la propriétaire de l'établissement, « Zoraïde Turc ». Le pseudonyme « la Turque » est simplement, en effet, le nom « Turc » précédé de l'article indéfini « la », selon une habitude campagnarde (« La Marie »). De même, avant d'évoquer le mystère dont elle est revêtue aux yeux des Nogentais, le romancier dévoile la banalité de la maison close (en montrant le pot de réséda et le bocal de poissons). Il atteint ainsi un double but : il démystifie ce « lieu de perdition », et suggère la naïveté de la société nogentaise.

Lorsqu'il nous fait entendre les adolescents, ou la rumeur publique, Flaubert mêle aussi sa voix à la leur. C'est ainsi que, pour désigner les prostituées, la périphrase les « demoiselles » (l. 10) est tout à fait malicieuse. En indiquant que « la cuisinière de M. le sous-préfet y avait été surprise » et que les bourgeoises « redoutaient [l'établissement] pour leurs bonnes » (l. 19-20), le narrateur signifie encore que les « demoiselles » appartiennent aux milieux défavorisés et se prostituent sans doute pour améliorer leurs gages. Peut-être faut-il entendre ici la satire indirecte d'une bourgeoisie qui se choque d'un comportement — la prostitution — dont elle est partiellement responsable en rémunérant mal ses domestiques.

De même, la fin du récit laisse entendre que tout le monde n'était pas aux vêpres, puisque Frédéric et Deslauriers sont

---

1. Voir note 1, p. 73.

surpris : « on les vit sortir. » Et la mention « Cela fit une histoire » montre combien la société nogentaise transforme un soupçon en une réalité.

Ironie dans la description des adolescents

Le narrateur se moque de la naïveté de Frédéric, de la vanité des efforts des deux adolescents, et il souligne combien ils sont encore soumis aux adultes.

Bien qu'il cherche à s'émanciper, Frédéric reste tributaire de clichés romantiques, et présente, en arrivant à la maison close, son bouquet de fleurs « comme un amoureux à sa fiancée ». Bien que touchant, Frédéric est déphasé par rapport à la situation : il oublie qu'il va payer ces prostituées. Sa paralysie est analysée par un narrateur qui démêle avec quelque ironie l'écheveau de motivations d'ordre à la fois physique, psychologique et moral : « la chaleur [...] l'appréhension de l'inconnu, une espèce de remords, et jusqu'au plaisir de voir, d'un seul coup d'œil, tant de femmes à sa disposition » (l. 32 à 35). Le paradoxe du plaisir paralysant est montré par l'adjectif « seul » (« d'un seul coup d'œil ») qui met en valeur l'adverbe de quantité « tant » (« tant de femmes à sa disposition »). Le passage à l'imparfait : « il devint très pâle et restait sans avancer, sans rien dire » (l. 35-36), ridiculise la paralysie de Frédéric en la faisant durer.

L'idée de liberté domine dans cette escapade. Elle est sous-jacente dans la phrase « [ils] sortirent par la porte des champs », qui rappelle l'expression « prendre la clef des champs ». Les fleurs qu'ils cueillent évoquent l'idée du fruit défendu, d'autant plus qu'elles viennent du jardin de Mme Moreau. Et si le narrateur s'attarde sur les préparatifs des deux adolescents, c'est pour traduire leur détermination à transgresser un interdit. Le verbe « se glissèrent » suggère ainsi le caractère subreptice de leur entrée chez la Turque, et l'idée, peut-être, qu'ils se sentent en faute. Malgré leurs efforts, Frédéric et Deslauriers restent cependant sous la dépendance des adultes, et liés l'un à l'autre. Bien qu'ils cherchent — et parce qu'ils cherchent — à s'y soustraire, les deux adolescents sont soumis au regard des adultes. Ils le sont depuis la préparation de leur escapade (choix d'un moment, d'un chemin) jusqu'à sa conclusion « on les vit sortir ».

Mais, plus subtilement, les deux personnages sont solidaires l'un de l'autre. La fuite de Frédéric, sa timidité, sa honte laissent entendre qu'il n'a pas été l'instigateur de l'escapade, dont l'initiative revient probablement à son ami. Mais, alors même que Deslauriers semble affranchi des scrupules ou de la culpabilité, il ne peut réaliser son émancipation amoureuse, parce qu'il dépend matériellement de Frédéric : « il s'enfuit ; et, comme Frédéric avait l'argent, Deslauriers fut bien obligé de le suivre » (l. 38-39). Cette dépendance est perceptible jusque dans la conclusion de l'aventure, puisque le narrateur fait reprendre à Deslauriers la phrase de Frédéric :

« — C'est là ce que nous avons eu de meilleur ! dit Frédéric.

— Oui, peut-être bien ? C'est là ce que nous avons eu de meilleur ! dit Deslauriers. »

▰▰▰▰ 3. L'IRONIE PAR RAPPORT AU RÉCIT[1]

Ironie par rapport au récit de Frédéric et Deslauriers

Autre distance prise par le romancier à l'égard de ses personnages, il ne nous relate pas le récit qu'eux-mêmes font de l'aventure : « Ils se la contèrent prolixement, chacun complétant les souvenirs de l'autre ; et, quand ils eurent fini... » (l. 42-43). L'adverbe « prolixement » le suggère : Flaubert a résumé une aventure que la nostalgie des deux personnages tendait à amplifier. Le romancier sous-entend ainsi qu'à l'action, Frédéric et Deslauriers préfèrent le récit de souvenirs, qui sublime l'échec.

Ironie par rapport au principe même du récit

En marquant à deux reprises la distance qui sépare le fait du récit qui en est donné, Flaubert souligne la part de mystification qui entre dans tout récit. Ainsi, les rumeurs qui courent sur la maison close l'entourent d'une magie qu'elle est loin de posséder. De même, lorsque le romancier conclut

---

1. Voir la note 1, p. 73.

l'aventure en disant : « On les vit sortir. Cela fit une histoire qui n'était pas oubliée trois ans après », il suggère tout ce que les Nogentais ont probablement inventé.

Ironie par rapport au roman tout entier

Il y a encore ironie, de la part de Flaubert, à faire déclarer « meilleur » un événement antérieur au début du roman : l'escapade se déroule en août 1837, tandis que *L'Éducation sentimentale* commence en septembre 1840. Le lecteur n'assiste ainsi que rétrospectivement à une aventure importante aux yeux des protagonistes. Par là même, un soupçon d'inanité est jeté sur tout le livre, puisque seul compte ce qui l'a précédé. De plus, si « le meilleur », c'est ce qui est resté inaccompli, on peut en déduire que l'accomplissement est toujours décevant. Cette façon de privilégier l'inaccompli explique alors tout le roman (qui devait s'appeler *Les Fruits secs*) : Frédéric n'a pas cessé d'être en quête d'aventures possibles, qu'il n'a pas réalisées.

Cette conclusion explique le livre, mais elle le tourne aussi en dérision. La première visite de Frédéric aux prostituées annonce un autre amour, qui restera platonique, l'amour de Frédéric pour Mme Arnoux. D'une ironie cruelle, cette annonce suggère que ce qui a retenu Frédéric de vivre sa passion pour Mme Arnoux, c'est moins l'idéalisme que la peur de la réalisation. Le retour final à ce souvenir, « le meilleur », signifie enfin la négation de l'éducation sentimentale et, à travers elle, du roman romantique.

◼◼◼◼ CONCLUSION

Cette dernière scène se situe doublement hors de l'action : elle remonte à un événement antérieur au récit, et elle relate un recul devant l'action. Sa présence en conclusion s'explique par la nécessité d'éclairer tout le parcours de Frédéric de façon rétrospective afin de lui donner son sens profond. Spectateur désabusé et attendri de son propre échec et de sa vie, Frédéric renvoie au recul de l'écrivain : d'un écrivain qui se retire du monde pour écrire, mais prend des distances à l'égard de son écriture même.

Plan pour un commentaire composé

1. LE RÉCIT D'UNE AVENTURE

— Le cadre spatio-temporel (p. 73)
— L'initiation de deux adolescents (p. 74)
— La transgression (p. 76)

2. LA DÉMYSTIFICATION D'UNE AVENTURE

— La banalité de « l'établissement » (p. 75)
— La dérision de l'événement (p. 76)
— La distance à l'égard des personnages (p. 77)

3. LA DÉMYSTIFICATION DU RÉCIT

— L'éloge de l'inaccompli (p. 78)
— Les mensonges du récit (pp. 77-78)
— La dérision d'une éducation qui fait le sujet du roman (pp. 78-79)

LITTÉRATURE

FORMATION

Aubin Imprimeur
LIGUGÉ, POITIERS

IMPRESSION – FINITION

Achevé d'imprimer en février 1992
Nº d'édition 8811 / Nº d'impression L 39500
Dépôt légal février 1992 / Imprimé en France